寻智孟子

感受亚圣的光芒
寻找人生的智慧

赵 敏◎编著

经济日报出版社

图书在版编目（CIP）数据

寻智孟子/赵敏编著.—北京：经济日报出版社，2009.1
ISBN 978-7-80180-933-9

Ⅰ.寻… Ⅱ.赵… Ⅲ.孟子-研究 Ⅳ.B222.55

中国版本图书馆 CIP 数据核字(2008)第 196765 号

寻智孟子

作　者	赵　敏
责任编辑	冉明明
责任校对	韩会凡
插　图	许芳宁
出版发行	经济日报出版社
社　址	北京市宣武区白纸坊东街 2 号 (邮政编码：100054)
电　话	010-63567690 63567691（编辑部）63567683（发行部）
网　址	www.edpbook.com.cn
E - mail	jjrb58@sina.com
经　销	全国新华书店
印　刷	北京兆成印刷有限责任公司
开　本	710×1000mm 16 开
印　张	9.5
字　数	75 千字
版　次	2009 年 1 月第一版
印　次	2009 年 1 月第一次印刷
书　号	ISBN 978-7-80180-933-9
定　价	28.00 元

从经典国学中寻求智慧

——代总序

中国的文化太博大精深了，很多现在看起来只有哲人才会说的话，我们的古人统统都说过，而且是用最少的文字、最精练的语句。

中国的《易经》应该是人类历史上最早的辩证法，它在“变”与“不变”之中讲述着世界的奥秘与潜在逻辑，所以全世界的人都在琢磨这本玄学之玄。

再如《礼记》、《大学》、《中庸》，还有《孟子》、《尚书》、再如《南华经》（《庄子》）、《淮南子》等等，等你真正读完并理解了它们，你就会问：“我们的古人为什么这么聪明?”

你有这一问，说明你读懂了；伴随着这一问，你也变得聪明起来，这就是中国古代经典文化的魅力所在，“读万卷书，行万里路”就是这么来的。

现在的问题来了，在今天这个全速“行万里路”的时代，“读万卷书”——我们有这个时间吗？即便有时间，这样的“古董”又是所有人都能读懂的吗？

不要着急，你只管“行万里路”，万卷书由我们来读，我们把“古董”中最有用的智慧和最精彩的句子找出来，交给你，你用很短的时间就会掌握它们。

这，就是我们策划这套“劳心者必读经典”的初衷，你看，众多谋士为君王出点子的22万字的《战国策》变成了53句名言，你不觉得轻松易读吗？

再如，浓缩了古人围棋智慧的经典《棋经》，虽然只有区区6000字，可它每一句话都会让你思考半天，每一句话就是今天的一篇文章，这篇文章我们来做。

我们的策划目的性相当明显。我们研究国学，并不止于国学，我们是从国学当中寻求适用于今天的管理学，乃至哲学，所以我们的书取名《取经战国策》、《问计棋经》、《寻智孟子》、《悟道南华经》等等。

因为这套书对做人、做事、做官有着太强的指导意义，所以我们把这套没完没了做下去的丛书叫做“劳心者必读经典”，如果你是一个劳心之人就看看吧。

自从我们想出这个主意，我们就觉得是在做一件非常有价值的事，因为我们是在帮助劳心者进行智慧阅读。我们期待，劳心者会因此而创造出更大的价值。

经济日报出版社社长、总编辑　韩文高

2008年12月

CONTENT 目录

富贵不能淫，贫贱不能移，威武不能屈，此之谓大丈夫。/100

富贵不能扰乱他的心智，贫贱不能改变他的意志，威武不能压服他的气节，这样的人才能被称为真正的大丈夫。

祸福无不自己求之者。/104

灾祸和幸福都是自已寻找来的。

夫人必自侮，然后人侮之；家必自毁，而后人毁之；国必自伐，而后人伐之。/109

人肯定是自取其辱，别人才会侮辱他；家肯定是自己内部出现了分裂的因素，别人才会摧毁它；国家肯定是内部出现了令别人讨伐的因素，才导致有别的国家来讨伐它。

今之欲王者，犹七年之病求三年之艾也，苟为不畜，终身不得。/113

现在这些想称王的人，好比患了7年病的人需要寻找生长3年的艾草来治疗一样。假如不进行长期的积累和栽培，那么是一辈子也找不到的。

企业文化/119

——精神文明的力量

位卑而言高，罪也；立乎人之本朝而道不行，耻也。/121

不为官而去议论朝堂上的大事，那是罪过；为君之臣，而自己

领导艺术

——领导应有的魅力

此无他，不与民同乐也。

【释义】

这里面没有别的原因，就是因为大王只贪图自己的快乐而没有与百姓们同乐。

【出处】

庄暴见孟子，曰："暴见于王，王语暴以好乐，暴未有以对也。"曰："好乐何如？"

孟子曰："王之好乐甚，则齐国其庶几乎！"

他日，见于王曰："王尝语庄子以好乐，有诸？"

王变乎色，曰："寡人非能好先王之乐也，直好世俗之乐耳。"

曰："王之好乐甚，则齐其庶几乎！今之乐由古之乐也。"

曰："可得闻与?"

曰："独乐乐，与人乐乐，孰乐?"

曰："不若与人。"

曰："与少乐乐，与众乐乐，孰乐?"

曰："不若与众。"

"臣请为王言乐。今王鼓乐于此，百姓闻王钟鼓之声，管籥之音，举疾首蹙頞而相告曰：'吾王之好鼓乐，夫何使我至于此极也？父子不相见，兄弟妻子离散。'今王田猎于此，百姓闻王车马之音，见羽旄之美，举疾首蹙頞而相告曰：'吾王之好田猎，夫何使我至于此极也？父子不相见，兄弟妻子离散。'此无他，不与民同乐也。"

——卷二·梁惠王下

【解译】

齐国的臣子庄暴前来拜见孟子，说道："我去朝见大王时，大王告诉我，他爱好音乐，我不知道该怎么回答。"庄暴接着又说："爱好音乐究竟好不好呢?"

孟子回答说："大王如果非常爱好音乐，那齐国便会治理得很不错了。"

过了一段时间，孟子自己去拜见齐王，问道："您曾经告诉过庄暴，说您非常爱好音乐，有这么回事吗?"

齐王很不好意思地说：“我是爱好音乐，但是爱好的不是古代的音乐，只是一些一般的流行音乐罢了。”

孟子说：“只要您非常爱好音乐，那齐国便会很不错了。无论是现在一般的流行音乐，还是古代的音乐，它们都是一样的。”

齐王说：“您可以把其中的道理说给我听听吗?”

孟子回答说：“一个人单独欣赏音乐可以感到快乐，跟别人一起欣赏音乐也可以感到快乐，但是您觉得哪一种更加快乐一些呢?”

齐王说：“当然是与别人一起欣赏会更快乐一些。”

孟子说：“跟少数人一起欣赏音乐能够感到快乐，和多数人一起欣赏音乐也同样能够感到快乐，这其中又是哪一种更加快乐一些呢?”

齐王说：“跟多数人一起欣赏音乐会更加快乐一些。”

孟子马上接着说：“请允许我说说为什么会有这样的道理吧。假使大王您是一个人在这里欣赏鼓乐，老百姓们听到鸣钟和击鼓的声音，又听到吹箫和奏笛的声音，却全都感到头痛，愁眉苦脸地互相议论：‘我们的大王这样爱好音乐，为什么会让我们痛苦到这般地步呢！父亲和孩子之间不能见面，兄弟和妻子东逃西散！’假使大王独自打猎，老百姓听到车马的声音，看到旌旗的壮美，却全都觉得头痛，愁眉苦脸地互相议论：‘我们的大王这样爱好打猎，为什么让我们痛苦到这般地步呢！父亲和孩子不能见面，兄弟和妻子东逃西散！’（为什么老百姓们会有这样的感受呢?）这里面没有别的原因，就是因为大王只贪图自己的快乐而没有与百姓们同乐。”

【寻智】

孟子在这里所讲的就是“独乐乐不如众乐乐”，有快乐的事要懂得与人分享，让别的人也为你快乐、为你高兴，这样会比自己独自品味要更快乐。

古代的帝王有着无上的尊严，不可能真正做到“与民同乐”。但是我们应该看到，上到一个国家，下到一个单位、一个团队，如何最大限度地保持旺盛的生命力和强大的向心力，领导在其中穿针引线的作用尤为重要。单纯的说教和森严的等级制度是无法长期维系高效的生产力的，让每一个员工都能够牢固地树立集体主义责任感，能够感受到来自集体的关怀和领导的期望，这才能更好地唤起他们源自本身的、源源不断的工作热情。所以领导者和管理者要放下架子，与员工同乐。

在闻名世界的英特尔公司里，董事长格鲁夫和自己的员工基本上没有什么区别。他与职工坐在同一个巨大的格子间里办公，一起到公司的食堂吃饭，如果格鲁夫不小心来晚了，还必须像每一个普通员工一样，开着车四处寻找停车位。在这个公司中，领导与员工的身份地位被强烈地淡化，他们相互之间经常开些玩笑甚至嬉戏打闹。有这样轻松、愉快的工作氛围，有这样与民同乐、没有丝毫架子的领导，英特尔公司能够取得世界瞩目的成就，大批的优秀人才争相涌入，也便是水到渠成的事情了。

曰："四境之内不治，则如之何？"王顾左右而言他。

【释义】

孟子说："假如一个国家的政事处理得很不好，那么又应该怎么办呢？"

齐宣王回过头来四处张望，赶忙把话题扯到别的地方去了。

【出处】

孟子谓齐宣王曰："王之臣有托其妻子于其友而之楚游者，比其反也，则冻馁其妻子，则如之何？"

王曰："弃之。"

曰："士师不能治士，则如之何？"

王曰："已之。"

曰："四境之内不治，则如之何？"

王顾左右而言他。

——卷二·梁惠王下

【解译】

孟子对齐宣王说道："您有一个臣子把自己的妻子和儿女托付给朋友照顾，自己到楚国游玩去了。等他回来的时候，发现自己的妻子和孩子们正在挨饿受冻。对待这样的朋友，您觉得应该怎么处置他呢？"

齐宣王说："应该与他绝交。"

孟子说："假如掌管刑罚的大臣不能够很好地管理他的下级，那么应该怎么办呢？"

齐宣王说："应该撤掉他的职务。"

孟子说："假如一个国家的政事处理得很不好，那么又应该怎么办呢？"

齐宣王回过头来四处张望，赶忙把话题扯到别的地方去了。

【寻智】

齐宣王在对待别人的时候可以公事公办，绝交、撤职等手段都可以不留情面地使用，但是当事情发生在自己头上的时候，他却立刻转换话题，马马虎虎应付了事，典型的对别人一套、对自己另一套的做法。为人主者如此，怎

么能给臣子树立好的榜样呢！如此君王，国家的前途就让人担忧啦！

素有“美国陆军第一剑客”、“美国第一勇士”之称的巴顿将军，在第二次世界大战期间带领美国第一支坦克部队，在北非沙漠立下赫赫战功。然而，他近乎无情的军纪和训练，受到了一些人的非议。例如，他规定每个士兵必须戴钢盔、扎领带、扎绑腿；规定每天早上七点半开饭，晚一分钟都不行；规定士兵的床前不能挂女人的画像；规定每位士兵都不能掉扣子……为此，不少士兵在背地里大发牢骚，痛骂巴顿冷血无情，但是，巴顿依然一如既往地执行他铁的纪律。在他看来，军人只有经过严格训练，才能有顽强的战斗力，才能最大限度地减少伤亡。平时一旦有丝毫松懈，在战争中丧命的几率就会变大。正因为巴顿一丝不苟的治军作风，他所带领的军队成为第二次世界大战期间美军伤亡最小的军队，士兵们也因此渐渐理解了巴顿将军的良苦用心。更何况，巴顿并非单纯要求士兵怎样怎样，而是以身作则，和士兵们一起遵守各项军纪。士兵们眼见身为将领的巴顿都能如此严格地要求自己，所有的牢骚就都变成了无言的服从。

对于企业来说，营造公平、公正、合理的文化氛围是很重要的。身为企业管理者，更应时时处处以身作则，发挥模范带头作用，用同样的标准要求别人和自己，不搞特殊，不用特权，这样企业内部的氛围才能和谐，员工的心气肯定可以理顺，斗志自然更加旺盛。正如松下电器创始人松下幸之助所言：“好的企业一定有好的管理规范，但最能使员工感受到它巨大的校正自己不合规范的约束力的，不是一本本的规范，而是各级管理者的以身作则。”

行仁政，斯民亲其上、死其长矣。

【释义】

施行仁政，您的百姓自然就会爱护他们的上级，情愿为他们的长官牺牲了。

【出处】

邹与鲁閧，穆公问曰："吾有司死者三十三人，而民莫之死也。诛之，则不可胜诛；不诛，则疾视其长上之死而不救，如之何则可也?"

孟子对曰："凶年饥岁，君之民老弱转乎沟壑，壮者散而之四方者，几千人矣；而君之仓廪实，府库充，有司莫以告，是上慢而残下也。曾子曰：'戒之戒之！出乎尔者，反乎尔者也。'夫民今而后得反之也。君无尤焉！君行仁政，斯民亲其上、死其长矣。"

——卷二·梁惠王下

【解译】

邹国与鲁国发生了严重的冲突。邹穆公询问孟子说："在这一次冲突中，我的官吏死亡了33个，而老百姓却没有一个为他们而死的。如果杀了这些百姓，我实在是没有办法杀这么多；如果不杀他们，他们眼睁睁地观看着自己的长官被杀却不去营救，实在是可恨。（您说）应该怎么办才好呢?"

孟子回答道："当灾荒来临的时候，您的这些百姓们，年老体弱者只能弃尸于山沟荒野之中，年轻力壮的只能选择四处逃荒，这样的老百姓们加起来至少有几千人；而您的仓库中却堆满了粮食，库房里装满了钱财，您的官吏对上隐瞒实情，对下置百姓苦难于不顾。曾子曾经说过：要提高警惕，要提高警惕！你怎样去对待别人，别人也将怎样去报复你。现在，您的百姓终于找到了报复的机会。您不应该责备他们，假如您能够施行仁政，您的百姓自然就会爱护他们的上级，情愿为他们的长官牺牲了。"

【寻智】

"仁政"是孟子政治思想的核心。

孟子的"仁政"学说是对孔子"仁学"思想的继承和

发展。孔子的“仁”是一种含义极广的伦理道德观念，其最基本的精神就是“爱人”。孟子从孔子的“仁学”思想出发，把它扩充发展成包括思想、政治、经济、文化等各个方面的施政纲领，就是“仁政”。“仁政”的基本精神也是对人民有深切的同情和爱心。孟子的“仁政”在政治上提倡“以民为本”。所以孟子对邹穆公说：行仁政，斯民亲其上、死其长矣。

中国历史上的有为帝王，无不是实行仁政而国运昌盛的。汉代文帝以减轻田租税率的办法，改变背本趋末的社会风气，用来激发农民的生产积极性，秦代徭役很重，文帝就减轻徭役，“丁男三年而一事”，即成年男子的徭役减为每三年服役一次。如此待民，自然国泰民安。

延伸到现代企业管理中，领导者如何对待每一位员工，他们便会以同样的方式回报你。假如领导重视员工，能让他们感受到来自领导的注意力，那么员工为企业服务的责任感和荣誉感就会油然而生，自然愿意忠心耿耿地为企业工作；假如领导对属下不闻不问，员工也自然就对手头的工作敷衍应付，长时间的懈怠就会导致企业从内部瓦解。

沃尔玛总裁山姆·沃顿的话非常有借鉴意义：“既然我们的伙伴（员工）来找我，就肯定受到了不少委屈，证明我们的经理们犯了不少的错误，我决不能一错再错。我一定要让他们知道，我这个总裁的心是和每一个伙伴的心连在一起的。”

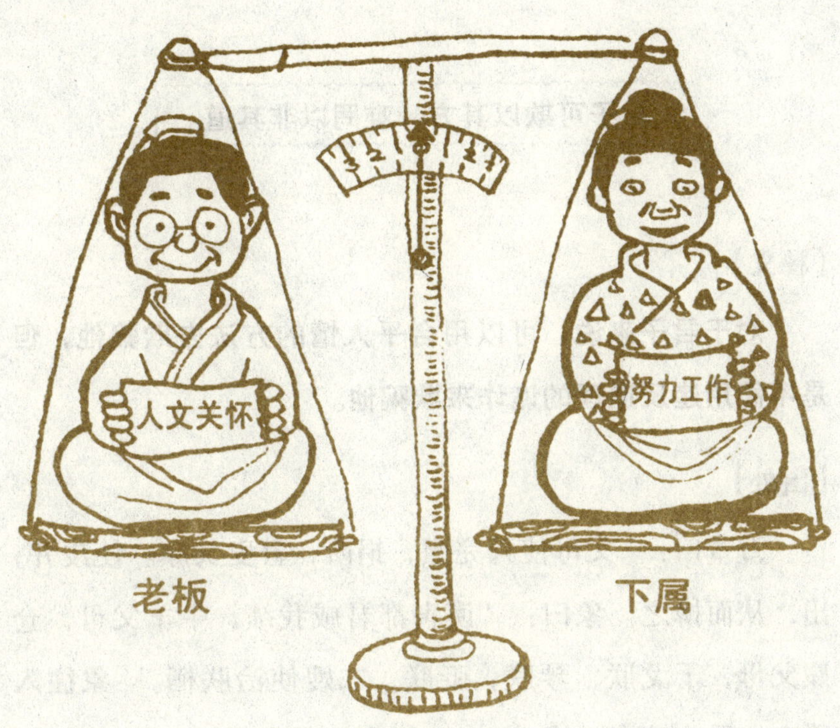

君子可欺以其方，难罔以非其道。

【释义】

对于君子来说，可以用合乎人情的方法去欺骗他，但是不能用违反道理的诡诈来欺骗他。

【出处】

万章曰：“父母使舜完廪，捐阶，瞽叟焚廪。使浚井，出，从而揜之。象曰：‘谟害都君咸我绩，牛羊父母，仓廪父母，干戈朕，琴朕，弤朕，二嫂使治朕栖。’象往入舜宫，舜在床琴。象曰：‘郁陶思君尔。’忸怩。舜曰：‘惟兹臣庶，汝其于予治。’不识舜不知象之将杀己与？”

曰：“奚而不知也？象忧亦忧，象喜亦喜。”

曰：“然则舜伪喜者与？”

曰：“否。昔者有馈生鱼于郑子产，子产使校人畜之池。校人烹之，反命曰：“始舍之，圉圉焉；少则洋洋焉；攸然而逝。’子产曰：‘得其所哉！得其所哉！’校人出，曰：‘孰谓子产智？予既烹而食之，曰得其所哉，得其所哉。’故君子可欺以其方，难罔以非其道。彼以爱兄之道来，故诚信而喜之，奚伪焉？”

——卷九·万章上

【解译】

万章问道：“舜的父母指使舜去修补家中的谷仓，等舜爬上屋顶的时候，他们便把梯子抽走，舜的父亲瞽叟还放火去焚烧谷仓。（庆幸的是，舜设法逃了下来。）他们又打发舜去淘井，并且故意用土块把井眼塞住，（他们并不知道舜已经从旁边的洞穴出来了。）在这时，舜的兄弟象说：‘在谋害舜这件事中我立下了头功，舜的牛羊分给父母，粮仓也分给父母，盾牌和武器归我，琴归我，雕漆的弓箭也归我，两位嫂嫂则可以用来替我铺床叠被。’象得意地向着舜的住处走去，却发现舜正坐在床边弹琴，象赶紧说：‘哎呀！我好想念你呀！’但脸上明显挂满了不好意思的神情。舜说：‘我很挂念我的臣子和百姓，你帮助我管理管理吧！’我不明白，难道舜不知道象要杀害他吗？”

孟子答道："为什么不知道呢？他们是兄弟，象忧愁的时候舜也跟着忧愁；象高兴的时候舜也自然跟着高兴。"

万章说："这么说舜的高兴并不是发自内心的了？"

孟子说："不是这样。从前有一个人送了一条活鱼给郑国的子产，子产让自己的下人们把鱼畜养起来，那人却擅自把鱼煮着吃了，并且回报子产说：'刚把鱼放进池塘的时候，鱼还是半死不活的；但是过了没多久，鱼竟然摇着尾巴游来游去，并且越游越远，转眼间就不知去向了。'子产说：'鱼肯定是到了更好的地方！肯定是到了更好的地方！'那个下人离开家之后，便对人说道：'谁说子产聪明啊，我已经把鱼吃掉了，他竟然还认为鱼到了更好的地方。'对于君子来说，可以用合乎人情的方法去欺骗他，但是不能用违反道理的鬼诈来欺骗他。象既然能装出尊敬兄长的样子，舜因此真诚地相信了他并且随之高兴起来，为什么说这是假装的呢？"

【寻智】

舜，历来与尧并称，是传说中的圣王。相传舜的家世甚为寒微，虽然是帝颛顼的后裔，但五世为庶人，处于社会下层。舜的遭遇更为不幸，父亲瞽叟，是个盲人，母亲很早去世。瞽叟续娶，继母生弟名叫象。舜生活在"父

顽、母嚣、象傲”的家庭环境里，父亲心术不正，继母两面三刀，弟弟桀骜不驯，几个人串通一气，欲置舜于死地而后快，然而舜对父母不失子道，十分孝顺，对弟弟十分友善，多年如一日，没有丝毫懈怠。舜以其非凡的品德，成为一位圣王。

可见，领导者的过人之处时常体现为他们的大智慧。身为领导者，他们的思考往往先人一步，他们的行为往往别具一格，但是不管他们的做法如何迂腐可笑，他们的行为如何特立独行，到最后往往都能清楚地揭示出一个让人心服口服的道理。

香港富豪李嘉诚有一次乘车外出，不小心将一枚硬币落在了汽车夹板中，他费了好大的力气也没能取出来。这一切被司机看在眼里，他将这枚硬币取出来转交给李嘉诚。李嘉诚当即拿出一千块钱奖励他，司机十分不解。李嘉诚告诉他：“这枚硬币如果一直在车上，那它就永远不能发挥作用，取出来之后就可以物尽其用，我奖励的就是你这种节约资源的精神。”相对于现代资源的极大浪费，李嘉诚寻找硬币的行为显然有它的合理之处；相比使周围的人都能树立勤俭节约的精神而言，李嘉诚奖励给司机一千块钱更是物超所值。

卷九・萬章上

謂親愛之乎？」「敢問或曰放者，何謂也？」

哉？雖然，欲常常而見之，故源源而來，「不

臣，父不得而子。舜南面而立，堯帥諸侯北面而朝

岌岌乎！』不識此語誠然乎哉？」孟子曰：「否

載，放勳乃徂落，百姓如喪考妣。三年，四海遏密

三年喪，是二天子矣。」咸丘蒙曰：「舜之不臣堯

舜既為天子矣，敢問瞽瞍之非臣，如何？」曰：「是

民为贵，社稷次之，君为轻。

【释义】

百姓的地位最为重要，国家的地位为其次，君主的地位最轻。

【出处】

孟子曰："民为贵，社稷次之，君为轻。是故得乎丘民而为天子，得乎天子为诸侯，得乎诸侯为大夫。诸侯危社稷，则变置。牺牲既成，粢盛既洁，祭祀以时，然而旱干水溢，则变置社稷。"

——卷十四·尽心下

【解译】

孟子说："在整个国家体系中，百姓的地位最为重要，国家为其次，君主的地位最轻。所以能够赢得百姓的欢心便可以成为天子，能赢得天子的欢心便可以成为诸侯，能够赢得诸侯的欢心便可以成为大夫。如果诸侯危害国家的话，就要把他们罢免。牺牲为祭祀准备的牛羊已经肥壮，祭品也已经洁净，并且按照特定的时间进行了及时的祭祀，但是还要遭到水旱灾害的话，那就要改立土地之神。”

【寻智】

这又是孟子的一个重要政治思想——百姓的地位最为重要，国家的地位为其次，君主的地位最轻。

“民为贵”，是说人民的地位与权力是至高无上、不可动摇的。一切政治权力与政治制度，从根本来说，都是来自人民、为了人民。

“社稷次之”，社稷在古代指土地神和谷神，山川大地，五谷物产，乃是养育人民，建立国家的物质基础，当然十分重要。后来社稷就成了国家的代名词。所以也可以说“社稷”就是国家。作为一个国家，当然要有制度，但这制度终究还是来自人民、为了人民的，所以社稷的地位次于人民。

“君为轻”，是说相对于民与社稷来说，君的地位并不那么重要。君的地位与权力是民赋予的，没有民就没有君。一个国家死掉了国君，仍然不失为一个国家。

同理之下，企业生存管理专家、企业未来生存管理理论家邓正红先生认为，柔性生存是企业未来生存的大趋势，在

这个大趋势中，企业员工主宰企业未来生存命运，员工是企业最值得尊重的对象，员工是企业最重要的客户。

海尔提倡将企业做小、将领导做小，把顾客做大、把员工做大。项目的成败及效益，直接关系到每个人的收益。因此，每位员工都将为项目贡献自己的智慧。

中石化惠州石油遵循“员工是公司最重要的客户”的员工管理理念，采取人性化管理措施，挖掘并发挥员工潜能，提升公司的核心竞争力，实现了跳跃式发展。

所以，今天这句话可以改为“员工为贵，企业次之，领导为轻”。

行有不得者皆反求诸己。

【释义】

自己的所有行为没有得到预期的效果，那就要反躬自问。

【出处】

孟子曰：“爱人不亲，反其仁；治人不治，反其智；礼人不答，反其敬。行有不得者皆反求诸己，其身正而天下归之。《诗》云：‘永言配命，自求多福。’”

——卷七·离娄上

【解译】

孟子说：“如果我爱别人，可是别人却不亲近我，那就得反问我自己，我的仁爱是不是还不够？如果我管理别人，可是却没有管理好，那就得反问我自己，我的智慧和知识是不是还不够？如果我有礼貌地对待别人，可是却得不到相应的回答，那就得反问我自己，是不是我的恭敬还没达到一定的程度？如果自己的所有行为没有得到预期的效果，那就要反躬自问，如果自己的行为真正端正了，那么天下的百姓自然会归向于他。诗经中曾经说过：'与天意相配的周朝万岁！所有的幸福都需要自己主动寻求。'"

【寻智】

"反求诸己"就是反躬自问，时时自问、自醒是一种智慧。

做为今天现代社会的人，理应学习前人的智慧，并时刻提醒自己不忘"反求诸己"。遇到困难和挫折，首先要从自己身上找原因，不管你是关键领导还是普通一卒，而不是推脱责任，寻找替罪羊。

成功学大师陈安之说："成功者的智慧来自三个方面：第一个，成功者不断地搜集资讯，他们相当善于掌握新知；第二个，一个成功的人会不断地学习别人的经验，因为成功最重要的秘诀，就是学习别人的经验；第三个，一个有智慧的人，会不断地自我反省。"前两个智慧说到底还是一个向别人学习的过程，而最后一个智慧是在跟自己

博弈和挑战的过程，战胜了自己，得到的体会和印象才会更加深刻。

惟仁者宜在高位。不仁而在高位是播其恶于众也。

【释义】

只有仁德的人才应该处于领导地位。如果不够仁德的人处在较高的位置，那么他就会把自己的罪恶传播给大众。

【出处】

是以惟仁者宜在高位。不仁而在高位，是播其恶于众也。上无道揆也，下无法守也，朝不信道，工不信度，君子犯义，小人犯刑，国之所存者幸也。故曰，城郭不完，兵甲不多，非国之灾也；田野不辟、货财不聚，非国之害也。上无礼，下无学，贼民兴，丧无日矣。

——卷七·离娄上

【解译】

所以说，只有仁德的人才应该处于领导地位。如果不够仁德的人处在较高的位置，那么他就会把自己的罪恶传播给大众。处于高位的人没有符合道义的行为准则，处于低位的人没有适宜的法制规范，官员们不能够相信准则，工匠们不能够相信尺度，君子肆意触犯仁德和道义，小人们随便触犯国家的刑罚，在这种情况下仍然能够存活下来的国家实在是太侥幸了。所以说，自己国家的城防不够坚固，士兵和装备不够充足，并不是一个国家致命的灾难；农田开辟的不够充分，财富聚敛的不够充足，也并不是危及国家最重要的地方。身居高位的人缺乏礼仪，身处低位的人得不到教育，那么违法乱纪的人就会逐渐增多，国家的灭亡也就不远了。

【寻智】

孟子认为：具有“仁”的道德修养，是天子、国君必须具备的品质。强调统治者应以“不忍”之“仁”来治理国家，处于领导地位的，应该是有德有才的仁人、贤人，这当然是那个时代孟子的理想。

但在今天看来，这话可以为我们所用，启迪管理的智慧。俗语说：强将手下无弱兵。优秀的领导才能带出好的队伍。能否净化企业的风气，保持积极向上的良好氛围，带领员工为企业的发展奋斗，企业领导的素质起着至关重要的作用。“一只山羊带领的一群狮子没法战胜一只狮子

带领的一群山羊”，这条谚语形象地揭示了一个品德高尚的领导者在企业竞争中无可比拟的重要性。

当代中国对领导者素质的说法包括政治思想、文化知识、领导能力、思想作风、年龄体质五个方面。日本企业界要求领导者应该具有使命感、责任心、信赖性、积极性、忠诚老实、有进取心、忍耐性、公平、热情、勇气等品德。虽然表述有些差异，但标准都是相似的。

纵观国外的优秀企业，无一不是有具备优秀素质的好领导，美国通用电器有韦尔奇、微软有比尔·盖茨、IBM 有托马斯·沃森、联想有柳传志、海尔有张瑞敏、华为有任正非……领导品德的重要性，已经不需要再重复例举了。

选贤用能

——选择你的团队

听其言也，观其眸子，人焉廋哉？

【释义】

听一个人说话的时候，仔细观察他的眼眸，那么这个人的善恶怎么还可以隐藏呢？

【出处】

孟子曰："存乎人者，莫良于眸子。眸子不能掩其恶。胸中正，则眸子瞭焉；胸中不正，则眸子眊焉。听其言也，观其眸子，人焉廋哉？"

——卷七·离娄上

【解译】

孟子说："考察一个人的时候，没有比看他的眼睛更加准确的了。眼睛不能掩藏他内心的罪恶。心地善良的人，他的眼眸往往充满光泽；心地罪恶的人，他的眼眸往往阴暗无光。听一个人说话的时候，仔细观察他的眼眸，那么这个人的善恶怎么还可以隐藏呢?”

【寻智】

人们把太多的溢美之词都给了眼睛，诸如“眼睛是心灵的窗户”，“眼睛从来不会说谎”，“眼睛蕴含着一个人的所有秘密”等。《妙法尼》中也说：“巨人也好，侏儒也罢，其志气乃表现在一尺的脸上；一尺脸上的志气则尽收在一寸的眼睛中。”这就说明了想观察一个人的时候，应注意观察他的眼睛，因为从他的眼睛中就能察觉到其行为之善恶，故察人之学问在于观其眸子之中。婴儿的眼睛是纯净的，让成人惊叹，那是因为他们的心灵没有被世俗污染。而随着我们年龄的增长，经历的事情越多，体验的人情冷暖越多，我们的眼神就会发生变化。某种意义上说，眼神如何，很大程度上决定了德行如何。

这对现代企业在选拔人才时带来的启示就是，不要惟专业、惟学历、惟经验，而要考察品德、品行如何。专业不了解可以学习，学历不够可以充电，经验不足可以积累，但是本性的东西却永远无法改变。

在日本的一些企业里，招聘者们已经开始把交流时应聘者流露出的眼神作为一项重要的判断内容：眼睛平视、充满自信、炯炯有神的人，敢于正视现实，能力较强；而眼睛向下看，或者东张西望，眼神暗淡无光，是缺乏自信、胆怯的表现，难成大事。

当然，观察应聘者的眼神只是领导者选拔人才的一个隐喻，这个故事想要揭示的道理是领导者选拔人才时，要注重被选拔者发自内心、最本性的特质，这些东西往往是无法伪装的。

国人皆曰贤，然后察之；见贤焉，然后用之。

【释义】

所有人都说某人好的时候，就要去了解他，发现他真有才干时，再任用他。

【出处】

孟子见齐宣王，曰："所谓故国者，非谓有乔木之谓也，有世臣之谓也。王无亲臣矣，昔者所进，今日不知其亡也。"

王曰："吾何以识其不才而舍之?"

曰："国君进贤，如不得已，将使卑逾尊，疏逾戚，可不慎与？左右皆曰贤，未可也；诸大夫皆曰贤，未可也；国人皆曰贤，然后察之；见贤焉，然后用之。左右皆曰不可，勿听；诸大夫皆曰不可，勿听；国人皆曰不可，然后察之；见不可焉，然后去之。左右皆曰可杀，勿听；诸大夫皆曰可杀，勿听；国人皆曰可杀，然后察之；见可杀焉，然后杀之。故曰，国人杀之也。如此，然后可以为民父母。”

——卷二·梁惠王下

【解译】

孟子前去拜见齐宣王，对他说道：“我们平日里所说的故国，指的并不是这个国家有许多高大的树木，而是有许多功勋卓著的老臣。而大王您的周围现在并没有亲信的大臣。真想不到您过去所使用的那些人，到今天为止全都被罢免了。”

齐宣王问道：“怎样去识别那些缺乏才能的人并且不去任用他们呢？”

孟子回答道：“国君选拔贤人，如果迫不得已非要引进新人的话，那就意味着要把卑贱者提拔到尊贵者的行列，把疏远的人提拔到亲近者的行列，这种事情必须得慎重。因此，周围亲近的人都说某人好的时候，不可以轻信；众位大夫都说某人好的时候，也不可以轻信；所有人都说某人好的时候，然后去了解；发现他真有才干，再去任用他。左右亲近的人都说某人不好的时候，不要听信；

众位大夫都说某人不好的时候，也不要听信；全国之人都说某人不好的时候，然后去了解；发现他真的不好的时候，再去罢免他。左右亲近之人都说某人可杀的时候，不要听信；众位大夫都说某人可杀的时候，也不要听信；全国之人都说某人可杀的时候，然后去了解；发现他应该被杀时再去杀他。所以说，杀他是全国人人的一致意见。只有这样，才可以真正成为百姓的父母。”

【寻智】

孟子是儒家诸贤中最具有民主思想的人，但他是个学者，所以他在本篇中提出的观点充满了书卷气，不论是在当时还是在现在，都是行不通的。一位西方哲人说过：每一个问题，都有两种或两种以上的观点存在。对任何一件物品、一个人、一件事情，总会有人说好，也总会有人说不好，都不会出现孟子所说的“国人皆曰可”或者“国人皆曰不可”的情形。但是孟子这句话细想起来，对我们的启发还是非常大的。那就是，在用人之时，多听听大家的意见。

单凭自己的主观感受去判断一个人，是非常容易出现偏差的。推及企业选贤用能的层面，就要求企业领导者不能仅凭应聘者的一面之词而感情用事，人才的选拔要有一

套公正合理的机制，领导者切忌先入为主，带着有色眼镜看人，而应当将人才选拔机制标准化、程序化，并多听取自己周围的人以及应聘者周围的人对他的看法。当然，有些时候人才的闪光点并非是所有人都能够看得到的，这就需要领导者采用各种手段、提供各种平台来帮助他们加以展示，但无论如何，最终入选的人都必须达到让大多数人认可的程度。

听听蒙牛集团总裁牛根生选材用人的观念："有德有才，破格重用；有德无才，培养使用；有才无德，限制使用；无德无才，坚决不用。"

士止于千里之外，则谗谄面谀之人至矣。

【释义】

士人如果在千里之外就停下了脚步，那么善于进谗言和当面奉承的人就会取而代之。

【出处】

鲁欲使乐正子为政。孟子曰：“吾闻之，喜而不寐。”

公孙丑曰：“乐正子强乎？”

曰：“否。”

“有知虑乎？”

曰：“否。”

“多闻识乎？”

曰：“否。”

“然则奚为喜而不寐？”

卷一・梁惠王上

始作俑者，其無後乎！』為其象人而用之也。如之

知也。及寡人之身，東敗於齊，長子死焉；西喪地於

對曰：「地方百里而可以王。王如施仁政於民，省刑

長上，可使制梃以撻秦、楚之堅甲利兵矣。彼奪其民時

而征之，夫誰與王敵？故曰：『仁者無敵。』王請勿疑！

似人君，就之而不見所畏焉。卒然問曰：『天下惡乎定？

孰能與之？』對曰：『天下莫不與也。王知夫苗乎？七

如是，孰能禦之？今夫天下之人牧，未有不嗜殺人者也。如

由水之就下，沛然誰能禦之？』」

得聞乎？」孟子對曰：「仲尼之徒無道桓文之事者，是以後世

曰："其为人也好善。"

"好善足乎？"

曰："好善优于天下，而况鲁国乎？夫苟好善，则四海之内皆将轻千里而来告之以善；夫苟不好善，则人将曰，'訑訑，予既已知之矣。'訑訑之声音颜色距人于千里之外。士止于千里之外，则谗谄面谀之人至矣。与谗馅面谀之人居，国欲治，可得乎？"

——卷十二·告子下

【解译】

鲁国打算任用乐正子来处理国家政事。孟子说："当我听到这个消息之后，高兴得睡不着觉。"

公孙丑说："乐正子很精明强干吗？"

孟子回答道："不是。"

"那他有聪明的主意吗？"

孟子回答道："不是。"

"那他是见多识广吗？"

孟子回答道："也不是。"

"那你为什么会高兴得睡不着觉呢？"

"因为乐正子喜欢听取善言。"

"喜欢听取善言就足够了吗？"

孟子回答道："假如一个人喜欢听取善言，那么任用他来治理天下都是绰绰有余的，何况是仅仅治理小小的鲁国呢？假如一个人喜欢听取善言，那么天下的人们都会从千里之外赶来把善言告诉他；假如一个人不喜欢听取善言，那别人会像他那样把'呵呵！我早已都知道了！'这样的话挂在嘴边上。这种回答会把别人拒绝于千里之外。士人在千里之外就停下了脚步，那么善于进谗言和当面奉承的人就会取而代之。长时间地和善于进谗言并且当面奉承的人生活在一起，想把国家治理好，能做得到吗？"

【寻智】

孟子所谓的"善言"，其实还是儒家关于治国的"仁政"的大道理。我们今天可以把"善言"理解为有用的建议和意见。

千古明君唐太宗，则独具慧眼，看到了个人力量的不足，充分认识到君王如石、良臣如匠，方有美玉问世，他从善如流，对大臣的各项劝谏之言豁达地予以采纳；还不拘一格任用人才，任用名臣魏征，最终造就了大唐盛世。

当今领导者，更应与有德之人为友，任用有才之人，听取有益的意见。"从善如流"，才能让下属树立起对领导的信心，才能让更多的"善人"聚集到领导者的身边，自

然就可远离小人。若交友不慎或用人不当，听取了错误的建议，一错再错，让周围的小人越来越多，“善人”远离，企业的前途就危险了。

天时不如地利，地利不如人和。

【释义】

有天时的优势不如有地利的优势，有地利的优势不如有人和的优势。

【出处】

孟子曰：“天时不如地利，地利不如人和。三里之城，七里之郭，环而攻之而不胜。夫环而攻之，必有得天时者矣，然而不胜者，是天时不如地利也。城非不高也，池非不深也，兵革非不坚利也，米粟非不多也；委而去之，是地利不如人和也。故曰：域民不以封疆之界，固国不以山溪之险，威天下不以兵革之利。得道者多助，失道者寡助。寡助之至，亲戚畔之；多助之至，天下顺之。以天下之所顺，攻亲戚之所畔；故君子有不战，战必胜矣。”

——卷四·公孙丑下

【解译】

孟子说：“有天时的优势不如有地利的优势，有地利的优势不如有人和的优势。方圆三里加上城外也才不过七里的小城，围攻好多天仍然无法取胜。既然能够围攻这个小城，就一定会有合乎天时的机会出现，然而仍然无法取胜，原因就在于天时的优势比不上地利的优势重要。换个角度，假如说对于一个守城者来讲，城墙不是不够高，护城河不是不够深，兵器和盔甲并不是不够锐利和坚固，粮食储备的也不是不够充足；还未开始打仗，守城的人就仓皇逃走，这里的原因就是地利的优势比不上人和的优势。所以说，限制本国人民的行动不能够依靠封锁边疆，巩固国家不能够依靠山川河流的险峻，威震天下不能依靠兵器的锐利。所做所为符合道义的人能够得到多数人的帮助，不符合道义的人极少有人相助。给他帮助的人少到极点，连亲戚都会背叛他；给他帮助的人多到极点，全天下的百姓都会归顺于他。拿天下人都归顺的力量去攻打那些连亲戚都背判自己的力量；除非君主不愿意去作战，如果愿意作战的话，一定可以取得最终的胜利。”

【寻智】

天时不如地利，地利不如人和。我们感慨孟子的睿智，如此精辟的话语却阐释了一个如此深刻的哲理。“人和”在孟子看来就是符合道义，更为通俗的理解就是：“得人心者得天下。”人心向背历来是各种竞争的胜负手，因为赢得了民心而以弱胜强的经典事例不胜枚举。

解放战争时期，与共产党相比，国民党有先进的飞机、大炮，有毕业于黄埔军校的军官，背后还有美国和日本的支持，可最终战争以国民政府的垮台而告终，共产党夺取了政权，带领中国人民建设社会主义。这场角逐的胜负，最根本的原因就是人心向背。国民党对外依靠美国和日本，对内欺压百姓；而共产党是根生于百姓的队伍，是依靠“小米加步枪”的队伍。人民支持共产党而反对国民党，这正是“天时不如地利，地利不如人和”的最好实例。

托马斯·沃森在创办IBM公司时就把“要尊重个人”作为企业发展的首要原则，后来经过几位领导不断地发扬光大，这一原则在公司里，上至总裁室下至传达室，无人不知，无人不晓。公司的领导一直认为：公司最重要的资产是员工，每位员工都是公司的一分子，每个人都可以使公司变成不同的样子。因此，这一原则贯穿于公司经营管理的始终，诸如合理的薪酬体系、能力与工作岗位的匹配度、多元化的培训和发展机会等各个方面。

由此可以看到，作为企业领导者，必须切实从员工的个人利益和个人发展的角度出发，多为员工提供便利，打造良好稳定的信任关系，上下一条心，内外相互信任，才能保证企业沿着平稳快速的轨道持续发展。

一齐人傅之，众楚人咻之，
虽日挞而求其齐也，不可得矣。

【释义】

一个齐国的人教他（大王）学习齐国语言，但是周围有一大群楚国人扰乱他，那么即使每天用鞭子鞭笞他，他也不可能学好齐语。

【出处】

孟子谓戴不胜曰："子欲子之王之善与？我明告子。有楚大夫于此，欲其子之齐语也，则使齐人傅诸？使楚人傅诸？"

曰："使齐人傅之。"

曰："一齐人傅之，众楚人咻之，虽日挞而求其齐也，不可得矣；引而置之庄岳之间数年，虽日挞而求其楚，亦不可得矣。子谓薛居州，善士也，使之居于王所。在于王所者，长幼卑尊皆薛居州也，王谁与为不善？在王所者，长幼卑尊皆非薛居州也，王谁与为善？一薛居州，独如宋王何？”

——卷六·滕文公下

【解译】

孟子对戴不胜说：“你希望你的大王能够为善吗？让我清楚地告诉你吧。这里有一位楚国的大夫，想让他的儿子学习齐国的语言。你说是找一个齐国的人做老师呢？还是找一个楚国的人做老师？”

戴不胜回答道：“当然是找一个齐国的人做他的老师。”

孟子接着说：“一个齐国的人教他学习齐国语言，但是周围有一大群楚国人在扰乱他，那么即使每天用鞭子鞭笞他，他也不可能学好齐语；带着他到齐国的闹市里待上几年时间，即使用鞭子鞭打他让他说楚国语言，也是无法做到的事情。你提到的薛居州是个仁德行善的人，那就让他居住在大王的周围。如果在大王周围的人，不管年长年幼还是地位高低，都是薛居州这样仁德行善的人，那么大王又会和谁一起去做坏事呢？如果在大王周围的人，不管年长年幼还是地位高低，都不是薛居州这样仁德行善的人，那么大王又会和谁一起去行善呢？单独的一个薛居州，又怎么能够把大王怎么样呢?”

【寻智】

孟子这句话，清楚地诠释了外部环境对个人成长能起到重要作用。

来看我们所熟知的“孟母三迁”，“孟子幼时，其舍近墓，常嬉为墓间之事，其母曰：“此非吾所以处吾子也。”遂迁居市旁，孟子又嬉为贾人街卖之事。其母曰：“此又非吾所以处吾子也。”复徙居学宫旁。孟子乃嬉为俎豆揖让进退之事，其母曰：“此可以处吾子矣。”遂居之。孟子小时候家离墓地很近，就常常玩办理丧事的游戏，他母亲说：“这不是我可以用来安顿儿子的地方。”于是搬迁到集市旁边，孟子又做学商人卖东西的游戏。他母亲说：“这也不是我可以用来安顿儿子的地方。”又搬家到学堂旁边。于是，孟子就又做些拱让食物的礼仪的游戏，他母亲说：“这里可以用来安顿我的儿子。”他们就在那里住了下来。我们有理由相信，孟母三迁对孟子今后的成长起了巨大的作用，否则就可能没有以后的“亚圣”了，也就没有我们今天所看到的《孟子》了。

这就告诉企业的领导人，要谨慎地选择自己的伙伴、下属，与有德有才之人为友，听取有效的建议，做正确的决策。从某种意义上讲，你所处的环境，可以影响个人的取向，更能影响企业的发展。正如IBM第二代领导人小托马斯·沃森所说：“最容易使人上当受骗的是言听计从、唯唯诺诺的人，我宁愿用那种脾气不好，但敢于讲真话的人。作为领导者，你身边这样的人越多，办成的事也越多。”身为领导者，要与有德之人为友，听取有效的建议，做正确的决策。

君子之所为，众人固不识也。

【释义】

君子的作为在一般人看来都是难以捉摸的。

【出处】

（淳于髡）曰：“鲁缪公之时，公仪子为政，子柳子思为臣，鲁之削也滋甚；若是乎，贤者之无益于国也！”

（孟子）曰：“虞不用百里奚而亡，秦穆公用之而霸。不用贤则亡，削何可得与？”

曰：“昔者王豹处于淇，而河西善讴；绵驹处于高唐，而齐右善歌；华周杞梁之妻善哭其夫而变国俗。有诸内，必形诸外。为其事而无其功者，髡未尝睹之也。是故无贤者也；有则髡必识之。”

曰：“孔子为鲁司寇，不用，从而祭，燔肉不至，不税冕而行。不知者以为为肉也，其知者以为为无礼也。乃孔子则欲以微罪行，不欲为苟去。君子之所为，众人固不识也。”

——卷十二·告子下

【解译】

淳于髡说：“鲁缪公在位的时候，公仪子主持国家的政事，子柳和子思也都在朝堂上任职，可是鲁国的势力却越来越弱，看来这些所谓的贤人并不能够给国家带来多少益处啊！”

孟子回答说：“虞国当初不肯任用百里奚，所以很快灭亡；而秦穆公重用了百里奚之后，很快就称霸于天下。一个国家不能够很好地任用贤臣，那么这个国家就会很快灭亡，即使让他苟延残喘，勉强维持生存都是不现实的事情。”

淳于髡说：“从前王豹住在淇水旁边的时候，河西的人都会唱歌；绵驹居住在高唐的时候，齐国西部地方的人们都会唱歌；华周、杞梁的妻子为了他们的丈夫而放声痛哭，并且因此改变了整个国家的风俗。一件事情内部存在着什么东西，就一定会在外部表现出来。努力去做一件事情却得不到任何的成绩，在我看来是绝对不可能的事情。

所以说现在一定是没有什么贤人，如果有的话，我一定会发现他们的。”

孟子说：“孔子担任鲁国司寇一职的时候，得不到大王的重视，当他跟随着一大群人去祭祀的时候，好久都没有看到祭祀用的肉送来，他便急匆匆地离开了。不了解孔子的人还以为他是为了争夺祭祀用的肉而走开，了解孔子的人才知道他是因为鲁国的礼数不周而离去。而对于孔子本人来说，他不想随意地离开，即使是走也要自己背一点小小的罪责才可以。所以说，君子的作为在一般人看来都是难以捉摸的。”

【寻智】

不能说所有的智者都特立独行，但是必须承认智者在某些方面必定有他的不同凡响之处。

比如韩信，韩信很小的时候就失去了父母，主要靠钓鱼换钱维持生活，经常受一位靠漂洗丝棉为生的老妇人周济，屡屡遭到周围人的歧视和冷遇。一次，一群恶少当众羞辱韩信。有一个屠夫对韩信说：你虽然长得又高又大，喜欢带刀佩剑，其实你胆子小得很。有本事的话，你敢用你的佩剑来刺我吗？如果不敢，就从我的裤裆下钻过去。韩信竟然当着许多围观人的面，从那个屠夫的裤裆下钻了

过去，史书上称“跨下之辱”。韩信后来说，我当时并不是怕他，而是没有道理杀他，如果杀了他，也就不会有我的今天了。忍了一时之辱，才有以后为刘邦立下汗马功劳的大将。谁能想到，当初那个貌不惊人看似懦弱的少年会是一代名将呢！

这对企业选择人才的借鉴就是：第一印象并不能代表一个人的实际能力，对于人才的考察不一定非要将关注的重点放在业务和知识上，要关注被选拔人的思想和特长，光鲜的外表和华丽的语言，完全不及能够在思想和行为上征服别人。真正的人才，往往看起来纯朴憨厚，平易近人，虚怀若谷，不露锋芒，给人的第一印象甚至有点木讷、迟钝和迂腐；他们宠辱不惊，遇乱不躁，看透了问题的实质但却不轻易点破，给别人甚至是自己的对手留有充分回旋的空间；他们大智在内，若愚在外，深藏不露。但实际上，他们是最聪明的智者，大智若愚的表象既能有效地保护他们自己，又能充分发挥他们的才华，这就是真正的人才。

运筹帷幄

——机智灵活的战略战术

无以小害大，无以贱害贵。

【释义】

不要因为保养了小的部分而贻害大的部分，也不要因为保养了次要的部分而忽略了主要的部分。

【出处】

孟子曰："人之于身也，兼所爱。兼所爱，则兼所养也。无尺寸之肤不爱焉，则无尺寸之肤不养也。所以考其善不善者，岂有他哉？于己取之而已矣。体有贵贱，有小大。无以小害大，无以贱害贵。养其小者为小人，养其大者为大人。今有场师，舍其梧槚，养其樲棘，则为贱场师焉。养其一指而失其肩背，而不知也，则为狼疾人也。饮食之人，则人贱之矣，为其养小以失大也。饮食之人无有失也，则口腹岂适为尺寸之肤哉？"

——卷十一·告子上

【解译】

孟子说："人对于自己的身体，每个部分都要爱护。每个部分都去爱护，那么每个部分都会得到养护。一寸肌肤不去爱护，那么就有一寸肌肤得不到保养。所以考察一个人善还是不善，哪有什么其他的标准呢？就看他注重的是哪一个部分就可以了。人身体的各个部分有贵贱和大小之分。不要因为保养了小的部分而贻害大的部分，也不要因为保养了次要的部分而忽略了主要的部分。那些保养小的部分的人是小人，保养了大的部分的人是君子。现在有一个园艺师，他把那些梧桐等树木抛在一边，而去养护那些酸枣和荆棘，那么这一定是个不称职的园艺师。注重养护自己的一个手指而放弃了自己的整个肩背，并且对此一无所知的，那一定是个糊涂透顶的人。那些只注重吃喝，而不知道提高自己道德修养的人，人们都会觉得他很低贱，因为他因小失大，丢掉了最主要的部分。如果说那些注重吃喝的人并没有放弃培养自己的道德修养，那么吃喝对他们来说仅仅是为了满足口腹需要那么简单吗？"

【寻智】

每个人在每天的工作生活中都要面对大大小小的事情，如果不进行统筹安排，很可能闹个手忙脚乱而事情还

是一团糟。在管理上更是如此，不论是管理者本身还是企业的发展战略，如果事情不分大小轻重，眉毛胡子一把抓，造成的后果就不仅仅是效率低下的问题了。

朋友、做为一个管理者，要清楚自己的职责，在其位谋其政，正如香港光华管理学院、时代光华教育发展有限公司创始人余世维所说：做一个主管，要注意目标，就像游泳一样，要一边游，一边看前方，不要一头撞到池壁才知道。不要花太多时间在小问题上，要多花时间在目标上，如果一个主管把精力放在小问题上，就会忘记自己的目标，丧失创造力，或者会逐渐枯竭。很多主管好像很忙，其实常常都是空忙，他们每天花90%的时间去做对公司只有10%的贡献，这种缺乏效率的一个主要原因是他们只注意小处。主管之所以有别于普通职员，就在于能把握大的方向。如果只能专注于某些琐碎的事情，就无法把眼光放宽放远，那么这个人怎么都只能算是一个合格的职员，离合格的主管还差了十万八千里，因为，抓大还是抓小，这里有根本的质的差别。

此外，在一些企业的发展过程中，抓小放大、丢了西瓜捡了芝麻的事情曾有发生。企业的财力、物力和人力相对来说都是有限的，如果将过多的精力花费在一些无关痛痒、可有可无的事情之上，那势必会拖累整个企业发展、前进的脚步。所以说，检验一个企业家是否称职和优秀，很大程度上取决于他是否能在恰当的时机，抓住重要的事情，以最低的成本，并实施正确的战略。

芬兰诺基亚公司为了专注于手机行业的发展，曾经果断放弃了公司在机械、造纸等行业的生产，成就了当今世界手机行业的龙头地位；国内知名品牌格兰仕，为了专心从事微波炉行业，果断放弃了毛纺、羽绒制品行业，并最终成为国内微波炉行业响当当的名牌。

为政者每人而悦之，日亦不足矣。

【释义】

如果那些搞政治的人，一个一个地去讨每一位百姓的欢心，那么用来治理国家的时间就太不够用了。

【出处】

子产听郑国之政，以其乘舆济人于溱洧。孟子曰："惠而不知为政。岁十一月，徒杠成；十二月，舆梁成，民未病涉也。君子平其政，行辟人可也，焉得人人而济之？故为政者每人而悦之，日亦不足矣。"

——卷八·离娄下

【解译】

子产主持郑国朝政的时候，用他自己乘坐的车辆帮助别人渡过溱水和洧水。孟子知道了这件事之后说："这不过是一些小恩小惠而已，子产并不知道该如何治理朝政。如果在 11 月的时候修完让行人通过的桥，12 月份修完供车辆通过的桥，那么所有的百姓就不会再为渡河的事情发愁了。君子只要能够治理好自己的政务，即使外出鸣锣开道、让百姓避让，都是可以的事情，哪能像他这样一个一个地摆渡百姓过河呢？如果那些搞政治的人，一个一个地去讨每一位百姓的欢心，那么用来治理国家的时间就太不够用了。"

【寻智】

子产爱惜百姓，却不懂得如何才能更好地解决百姓的实际困难。送人过河不如修筑桥梁，有了桥才能一劳永逸地从根本上解决问题。因此孟子认为：当政者首先应处理好自己的政务，从大处着眼，完善公共事务，而不是因计较于细节而忽略根本性问题。正所谓"授人以鱼不如授人以渔"，鱼只能满足一时之需，而"渔"却让人有了谋生的本钱。

这则故事倡导领导者在解决问题的时候，应该采取抓住根本的一劳永逸的方法，而不是专注于日常规范的小修小补。这个哲理对企业有着深刻的指导意义。企业管理过

程中，遇到问题必须从整体着眼，找到解决问题的最根本办法，而不是反反复复重复细节上的日常性工作。企业领导者要善于思考，善于创造性地分析问题，找出问题的实质并确定彻底解决问题的方法，而不是在刻板的索事中迷失自己，浪费大量的人力、财力、物力。

韦尔奇说：当你觉得管理索然无味时，你的管理就到位了。如果一个企业有了一套行之有效的管理体制和方法，每个员工都照此认真工作，那领导者就会感觉自己没有具体可管理的事务，自然感觉管理索然无味。这才是管理的大境界。

海尔集团总裁张瑞敏在提到人才选拔时也说："企业的领导者，你的任务不是去发现人才，而是建立可以发现人才的机制。"张瑞敏这句话说出了企业选拔人才的大方向。有了发现人才的机制，无论是笔试、面试还是各种硬件条件的考察，才能有效率地招揽人才，少做无用功。

管理机制

卷二·梁惠王下

矣，暴未有以對也。」曰：「好樂何如？」孟子曰：

有諸？」王變乎色，曰：「寡人非能好先王之樂也

」曰：「可得聞與？」曰：「獨樂樂，與人樂樂，孰

樂。」「臣請為王言樂。今王鼓樂於此，百姓聞王鐘鼓之

也？父子不相見，兄弟妻子離散。」今王田獵於此，百

不揣其本而齐其末，方寸之木可使高于岑楼。

【释义】

如果不去考虑地基的高度，那么一寸厚的木块都可以比尖顶的高楼还要高。

【出处】

任人有问屋庐子曰："礼与食孰重？"

曰："礼重。"

"色与礼孰重？"

曰："礼重。"

曰："以礼食，则饥而死；不以礼食，则得食，必以礼乎？亲迎，则不得妻；不亲迎，则得妻，必亲迎乎？"

屋庐子不能对，明日之邹以告孟子。

孟子曰："于答是也，何有？不揣其本而齐其末，方寸之木可使高于岑楼。金重于羽者，岂谓一钩金与一舆羽之谓哉？取食之重者与礼之轻者而比之，奚翅食重？取色之重者与礼之轻者而比之，奚翅色重？往应之曰：‘紾兄之臂而夺之食，则得食；不紾，则不得食，则将紾之乎？逾东家墙而搂其处子，则得妻；不搂，则不得妻；则将搂之乎？’”

——卷十二·告子下

【解译】

有一位任国人询问屋庐子说：“礼仪和饮食哪个更加重要？”

回答道：“礼仪更加重要。”

“娶妻和礼仪哪个更加重要？”

回答道：“礼仪更加重要。”

问道：“如果按照礼仪的标准去寻找吃的，可能就会饿死；而不按照礼仪的标准去找吃的，往往能找到吃的，如果是这样的话，还需要继续遵循礼仪的标准吗？如果严格遵循娶妻的礼仪，就可能娶不到妻子；而不按照娶妻的礼仪，就能够娶到妻子，如果这样的话，还一定要坚持娶妻的礼仪吗？”

屋庐子一时间无法回答，第二天他就到了邹国，把这件事告诉了孟子。

孟子回答道："回答这一问题有什么困难的啊？如果不去考虑地基的高度，那么一寸厚的木块都可以比尖顶的高楼还要高。金子比羽毛要重得多，那是就一丁点的金子和一整车的羽毛相比而言的吗？重饮食与轻礼仪相比较，岂止是因为饮食更重要？重娶妻与轻礼仪相比较，岂止是因为娶妻更重要？你就回去答复他说：'如果扭断兄长的胳膊才能获得食物，不扭断就得不到食物，那么会去扭断兄长的胳膊吗？如果翻过墙去搂抱隔壁家的少女就能够娶她为妻，不翻墙搂抱她就不能娶她为妻，那么会去翻墙搂抱她吗？'"

【寻智】

对任何人、任何事情的评价都要有全面的视角和相对客观的标准，因为任何事物都是相对的，有与无、难与易、长与短、高与低……这是个看似容易理解但却非常深刻的哲理。

这个哲理对企业管理的启示就是：功与过，奖与惩，并不是绝对对立的，都是相对而言的。看待一个人的工作，评价一个人的能力，要放在一个长期的考察过程中进行，要综合考察他参与工作时的具体阶段特征、在工作中

承担责任的大小以及表现出的工作态度等多种因素。

现在就有一些功利心过强的企业，他们过分专注于员工工作取得的即时利益，割裂了付出和回报之间的比例关系。很多员工为了一项工作付出了巨大的努力，但是这些努力投入到事业刚刚起步和发展的阶段，没有立即显现为物质成果。而后来的一些人，虽然没有参加前期的努力，但是正巧赶上了出成果的日子，他们反倒落了个声名显赫。这种绩效评价机制自然是不合理的，需要领导者根据企业自身的工作性质和不同员工的工作特点，制定一套多元化的综合考察机制，客观、全面地考察员工的绩效。

五十步笑百步。

【释义】

逃跑了五十步的士兵笑话那些逃跑了一百步的士兵。

【出处】

梁惠王曰：“寡人之于国也，尽心焉耳矣。河内凶，则移其民于河东，移其粟于河内。河东凶亦然。察邻国之政，无如寡人之用心者。邻国之民不加少，寡人之民不加多，何也?”

孟子对曰：“王好战，请以战喻。填然鼓之，兵刃既接，弃甲曳兵而走。或百步而后止，或五十步而后止。以五十步笑百步，则何如?”

曰：“不可；直不百步耳，是亦走也。”

曰：“王如知此，则无望民之多于邻国也。”

——卷一·梁惠王上

【解译】

梁惠王对孟子说：“我对于整个国家，可是尽心尽力了。河内地区遭受了饥荒，我会把那里的百姓转移到河东地区，并且将河东地区的粮食运到河内地区。当河东地区发生饥荒的时候我也会采取同样的办法。我曾经观察过周围几个国家的国政，他们的君主很少像我这么用心。但是即使这样，周围国家百姓的数量却没怎么减少，我的国家百姓的数量也没有增加，究竟是因为什么呢?”

孟子回答道：“大王您喜欢打仗，那么我就用打仗来做个比喻吧。两军交兵，战鼓刚刚敲响，刀枪刚刚相接，一国的士兵就丢盔弃甲，仓皇逃跑。有的跑了一百步之后停下来，有的跑了五十步之后停下来。那些逃跑了五十步的士兵竟然笑话那些逃跑了一百步的士兵，您觉得他们这么做怎么样?”

梁惠王说：“这是不可以的；那些逃跑了五十步的人只是没有跑到一百步而已，但是他们已经逃跑了。”

孟子说：“大王您如果能够意识到这一点，就不会在期盼自己的百姓会比邻国的百姓数量多了。”

【寻智】

不论是跑了五十步还是一百步，程度上不一样，本质

上都是一样的，都是逃跑的。人们总是太善于寻找别人的缺点，却往往不把同样的标准用到自己身上。

有这样一个小故事：四个和尚比赛静坐，在蜡烛马上烧尽时，小和尚忍不住说话了："你们看，蜡烛要熄灭了！"另外一个和尚马上斥责道："你说话了吧，真沉不住气。"话音未落，第三个和尚也慢悠悠地睁开了眼，"你不是也说话了吗，还好意思指责人家。"一直保持沉默的第四个和尚马上跟着说："哈哈，看来只有我没说话了。"跟"五十步笑百步"有相同的寓意。

故事到此为止，但对企业的启示再明显不过：真正英明的企业领导，都懂得对自己和自己的员工实行同一个标准。自己错了，总是敢于承认错误，不推托，不隐瞒；员工错了，也可以公平公正地泰然处之。因为只有领导率先垂范，发挥榜样的力量，才能带领一支训练有素的企业团队不断取得胜利。企业在发展的过程中，也要及时关注竞争对手的动向，从他们的错误中吸取经验教训，时刻警惕在自己春风得意的时候不要与对手犯同样的错误。因为市场竞争的环境下，企业的成功往往各有千秋，而失误却常常是惊人的相似。

你跑了100步，哈哈！
你也跑了50步呢！
无论是50步，还是100步都是逃跑。

民之望之，若大旱之望雨也。

【释义】

民众盼望他们的到来，就像是久经大旱的地方期待下雨一样。

【出处】

万章问曰："宋，小国也；今将行王政，齐楚恶而伐之，则如之何？"

孟子曰："汤居亳，与葛为邻，葛伯放而不祀。汤使人问之曰：'何为不祀？'曰：'无以供牺牲也。'汤使遗之牛羊。葛伯食之，又不以祀。汤又使人问之曰：'何为不祀？'曰：'无以供粢盛也。'汤使亳众往为之耕，老弱馈食。葛伯率其民，要其有酒食黍稻者夺之，不授者杀之。有童子以黍肉饷，杀而夺之。《书》曰：'葛伯仇饷。'

此之谓也。为其杀是童子而征之，四海之内皆曰：‘非富天下也，为匹夫匹妇复仇也。’‘汤始征，自葛载，’十一征而无敌于天下。东面而征，西夷怨；南面而征，北狄怨，曰：‘奚为后我？’民之望之，若大旱之望雨也。归市者弗止，芸者不变，诛其君，吊其民，如时雨降。民大悦。”

——卷六·滕文公下

【解译】

万章问道：“宋是一个小国，现在要实施王政，齐国和楚国反对这种行为并且要来进攻它，你觉得宋国应该怎么办呢？”

孟子说：“商汤居住在亳这个地方，葛国是他的邻国，葛伯十分放肆而不愿意祭祀。商汤就派人询问他为什么不祭祀。葛伯回答说：‘我们这里没有祭祀用的牲畜。’商汤派人把牛羊送到葛伯那里。葛伯和自己的手下把这些东西全都吃了，而不是用来祭祀。商汤又派人去问葛伯为什么不去祭祀，葛伯回答道：‘我们这里没有祭祀用的粮食。’商汤便命令自己的民众前去葛伯那里帮助他耕种，吩咐那些年老的人去给这些耕田者送饭。葛伯率领着自己的民众，拦截这些送饭的老者，如果这些老者不交出饭菜，他们就杀了这些送饭者。有一个小孩来给耕田者送饭和肉，葛伯率人抢了他的东西，并且残忍地把他杀害。《尚书》中所说的‘葛伯憎恨那些送饭的人。’就是指的这件事情。商汤因为自己国家的孩童被杀而前去征讨宋国，四海之内的人都会说：‘商汤的此次讨伐并不是为了获得天下的财富，而是为自己国家被杀的一个小孩子报仇。’所以说‘商汤的讨伐，就是从葛伯那里开始，’先后征战 11 次，从来没有失败过。向东面征讨，西面的人就会感到怨恨；向南面征讨，北面的人就会感到怨恨，纷纷说：‘为什么要把我们放在后面呢?’民众盼望他们的到来，就像是久经大旱的地方期待下雨一样。做买卖的人不用停止自己的商业活动，耕田种地的人不用改变自己的耕种生活，诛杀这些地区的君主，安慰这些地区的民众，就好像及时雨突然来到一样。民众都非常高兴。”

【寻智】

民众之所以盼望商汤像久旱的地方期待下雨那样迫切，是因为他们的国君葛伯不义，而商汤送牛羊给葛伯、让自己的民众去帮葛伯耕种，还派年老的人给耕田者送饭，充分证明了商汤是个仁义的国君，民众自然是想推翻失去民心的、不义的国君，让一个得民心的、仁义的国君

来治理天下。

对企业领导者来说，要想得到员工对企业和自己的高度认同，那么要做的首要任务就是赢得员工的心，让他们感受到自己在企业中是受到重视的，自己的价值是可以通过所在企业得以彰显的。

其实这里面有很多技巧，比如说当众喊出某个员工的名字，名字是一个人身份的象征，既然能记住员工的名字，就会在员工那里达成共识，自己是受到领导尊重的。前微软中国公司总裁唐骏，就可以清楚地叫出公司几千名员工中每一个人的名字。

此外，改变沟通环境，创造良好的、适宜沟通的交谈氛围也是赢得员工的一项重要技巧。美国玫琳凯化妆品公司总裁玫琳凯就特别擅长营造良好的沟通氛围，每当员工走进她的办公室进行沟通的时候，她都会极力淡化双方之间的权力屏障，让员工产生舒适、随意的感觉。他们一起坐在沙发上，喝着茶，聊着天，表达着自己内心最真实的想法，没有任何的拘束。上述这些赢得员工内心的方式，做起来其实很简单，切入的角度也多种多样，关键的一点就是看领导者是否用心，是否愿意放下自己的身份真正走近自己的员工。

卷七・離婁上

女於吳。今也小國師大國而恥受命焉，是猶弟
政於天下矣。《詩》云：「商之孫子，其麗不億。
仁不可為眾也。夫國君好仁，天下無敵。」今也欲
？」
利其菑，樂其所以亡者。不仁而可與言，則何亡
以濯我足。」孔子曰：「小子聽之！清斯濯纓，
國必自伐，而後人伐之。《太甲》曰：「天作孽，

夫人岂以不胜为患哉？弗为耳。

【释义】

人怎么能用自己力不能及这样的借口而不去做呢？这只是因为他本来就不愿意去做而已。

【出处】

曹交问曰："人皆可以为尧舜，有诸？"

孟子曰："然。"

"交闻文王十尺，汤九尺，今交九尺四寸以长，食粟而已，如何则可？"

曰："奚有于是？亦为之而已矣。有人于此，力能不胜一匹雏，则为无力人矣；今曰举百钧，则为有力人矣。然则举乌获之任，是亦为乌获而已矣。夫人岂以不胜为患哉？弗为耳。徐行后长者谓之弟，疾行先长者谓之不弟。夫徐行者，岂人所不能哉？所不为也。尧舜之道，孝弟而已矣。子服尧之服，诵尧之言，行尧之行，是尧而已矣。子服桀之服，诵桀之言，行桀之行，是桀而已矣。"

曰："交得见于邹君，可以假馆，愿留而受业于门。"

曰："夫道若大路然，岂难知哉？人病不求耳。子归而求之，有余师。"

——卷十二·告子下

【解译】

曹交请教孟子说："每个人都可以成为尧、舜那样的人物，是这样吗？"

孟子回答道："当然是这样。"

"我听说文王身高有十尺，商汤身高有九尺，现在我身高只有九尺四寸，只能吃些闲饭，如何能够成为像他们那样的人物呢？"

孟子回答道："这有什么关系呢？只是需要你努力去做罢了。有的人在开始的时候连一只小鸡的重量都举不起来，那他肯定是一个没力气的人；假如他今天能够举得起一百斤的重量，那么他就可以算是一个有力气的人。那么能够举起乌获举起的重量，自然也就是乌获了。人怎么能因为自己力不能及这样的借口而不去做呢？只是他本来就不愿意去做而已。跟在长者身后慢慢地行走就是所谓的‘悌’，快走几步赶到长者的前面就是所谓的‘不悌’。在长者身后慢慢地行走，这难道是人们不能够做到的吗？只不过是不愿意去做罢了。尧、舜之道，也不过就是孝悌而已。你穿上了尧所穿的衣服，诵读尧所说的话，做尧所做的各项事情，那么你就是尧了。你穿上了桀的衣服，诵读了桀所说的话，做桀所做的各项事情，那么你就是桀了。”

曹交说：“我需要去拜见邹君，希望他帮我找个住的地方，我想留在这里多向您学习。”

孟子回答说：“道就如同大路一样，哪有那么难以理解呢？只是人们不愿意去寻找而已。假如人们愿意去寻找，那么四处都可以找到自己的老师。”

【寻智】

不能、不会和不想是有区别的。“不能”是客观上的原因，“不会”是主观的原因，而“不想”则是客观上能做而主观上不愿意做，就是孟子所说的“夫人岂以不胜为患哉？弗为耳”。

每个人都拥有自己的梦想，也能信誓旦旦地表示愿意为梦想而拼搏甚至不惜牺牲一切，但是这只是口头上的表态，真正落实到实际的时候，他们往往瞻前顾后，畏缩不前，千方百计为自己的“不想”编织借口。

每个人每天都会面临这样的选择，早上不想起床，是因为想睡懒觉，不是起不了床，而是不想；上班了，不想工作，偷懒，不是工作完不成，而是不想……慢慢的，惰性就这样养成了，你会发现，自己真是越来越懒了，自己的理想和目标也越来越难以实现了，就这样得过且过吧！于是很可能浑浑噩噩地走完自己的一生，老了才追悔莫及。

人都是有惰性的，尤其是在舒适的环境下。麦当劳公司有一段时间营业额比较低，为了调动员工的工作积极性，老总指派工人锯掉了各个办公室座椅的椅背，企业的经理们逐渐开始接受走动式管理，深入基层，指导工作，整个企业很快呈现出生机勃勃的气象。能否在惰性袭来时战而胜之，唯有端正人生态度，变“不想”为积极进取。

堵车……
………!!
今天怎么又迟到了？？？

天将降大任于是人也，必先苦其心志，
劳其筋骨，饿其体肤，空乏其身，行拂乱其所为。

【释义】

上天要把重要的使命交给一个人的时候，必定会先劳苦他的心志，疲劳他的筋骨，饥饿他的体肤，穷困他的身体，千方百计为其设置障碍。

【出处】

孟子曰："舜发于畎亩之中，傅说举于版筑之间，胶鬲举于鱼盐之中，管夷吾举于士，孙叔敖举于海，百里奚举于市。故天将降大任于是人也，必先苦其心志，劳其筋骨，饿其体肤，空乏其身，行拂乱其所为，所以动心忍性，曾益其所不能。人恒过，然后能改；困于心，衡于虑，而后作；征于色，发于声，而后喻。入则无法家拂士，出则无敌国外患者，国恒亡。然后知生于忧患而死于安乐也。”

——卷十二·告子下

【解译】

孟子说：“舜从耕田种地中一步步走出来，傅说从筑墙的工作中一步步被提拔起来，胶鬲从鱼盐的工作中被提拔起来，管夷吾从被狱卒释放的条件下被提拔起来，孙叔敖在从事海边工作的时候被提拔起来，百里奚在市场做小买卖的环境中被提拔起来。所以说上天要把重要的使命交给一个人的时候，必定会先劳苦他的心志，疲劳他的筋骨，饥饿他的体肤，穷困他的身体，千方百计为其设置障碍，在这种环境下，人们才能坚强自己的心志，坚韧自己的性情，进一步提高自己的能力。人固然要经常犯错误，然后才能去改正；心情遭受困顿，思绪遭遇堵塞，然后才能更加有所作为；表现在自己的面色上，体现于自己的声音中，然后才能够被别人所理解。内部缺少有法度的大臣和谋士的辅佐，外部没有强劲的敌国和外来侵略的对抗，那么国家很快就会灭亡。国家灭亡之后才能更加深刻地体会到忧患的条件下可以发展、安乐的条件下会导致亡国的道理。”

【寻智】

这是我们每个人都耳熟能详的名句，也是在安慰和鼓

励每一个暂时遭遇挫折的人时最常用的话语。在逆境中要保持积极乐观的心态，艰苦的环境是锻炼有志者的好时机，历史上许多的著名人物大都有过一段在艰难中奋斗的经历，并从中磨炼了意志、吸取了教训，进而奠定了日后成功的基础。

司马迁写作《史记》时，惨遭“宫刑”，他在《史记·太史公自序》中说：西伯拘羑里，演周易；孔子厄陈蔡，作春秋；屈原放逐，著离骚；左丘失明，厥有国语；孙子膑脚，而论兵法；不韦迁蜀，世传吕览；韩非囚秦，说难、孤愤；诗三百篇，大抵贤圣发愤之所为作也。此人皆意有所郁结，不得通其道也，故述往事，思来者。在这段文字里，他举了周文王、孔子、屈原、左丘明、孙子、吕不韦、韩非子的例子，说明经过困难的磨炼，才能发愤而有所作为。与“天将降大任于是人也，必先苦其心志，劳其筋骨，饿其体肤，空乏其身，行拂乱其所为”是同样的意思。

有科学家做过这样一个实验，被放在盛满水的器皿中的两只大白鼠，挣扎了 8 分钟之后就死去了，而如果在它们挣扎 5 分钟后把他们救出来，再次放在同样的器皿中，它们便可以挣扎 20 多分钟。这是因为有了获救经历的大白鼠具备了挣扎和逃生的精神力量。这对企业的启示是什么呢？对于企业管理者来说，这种危机意识和挣扎逃生的精神力量是非常必要的，只要有百分之一的希望，就要付出百分之百的努力，不到最终失败那一刻，就一定要坚持到底。可以这样认为，任何的艰难困苦，都可以看成是宝贵的财富，更可以看成是美好的未来的开端。

养性修身

——提高自身素质

如知其非义，斯速已矣，何待来年？

【释义】

如果知道行为不合道理，就应该马上停止，为什么还非要等到明年呢？

【出处】

戴盈之曰："什一，去关市之征，今兹未能，请轻之，以待来年，然后已，何如？"

孟子曰："今有人日攘其邻之鸡者，或告之曰：'是非君子之道。'曰：'请损之，月攘一鸡，以待来年，然后已。'——如知其非义，斯速已矣，何待来年？"

——卷六·滕文公下

【解译】

戴盈之说："我打算把税率定为十税一，并且免除关卡和商品的赋税，但是这些措施在今年看来还办不到，我现在准备先把它们减轻一些，等到明年的时候再完全实行，你看怎么样?”

孟子说：“现在有一个人每天都去偷邻居家的一只鸡，有人告诫他说：‘这不是正派人的行为。’他便回答说：‘我准备以后少偷一些，先每一个月只偷一只鸡，等到明年的这个时候，我再完全不偷就是了。’——如果知道行为不符合道理，就应该马上停止，为什么还非要等到明年呢?”

【寻智】

这个故事给我们留下一个寓言叫“月攘一鸡”。

明日复明日，明日何其多。做事情的过程中，一旦发现做错了，就应该立刻停止改正。有错慢慢改，实际是自我原谅。以这种态度是改正不了错误的。一错再错，就会不可挽回。知错就改为君子之道，知错不改是小人行径。

重庆市国土资源与房屋管理局原副局长、市地产集团有限公司原董事长王斌收受170万元巨额贿赂。此人给自己设定了一个受贿的额度门槛——最多收受10万元人民币。一般几千元至几万元的现金，他都能“心安理得”地笑纳。2005年，王斌一次性收受1万美元后，觉得数额过大，居然“连续几天睡不着觉”。自设10万元“受贿门槛”，不过是“月攘一鸡”式的自我宽慰罢了。

有非常多的企业经营者，明知道公司内部存在许多有

待改进的问题，但总是下不了决心立刻大刀阔斧地去执行，找各种理由来推托敷衍，或者做些细枝末节的小修补，最后造成公司经营不善或倒闭破产。

来看一个正面的例子：三聚氰胺奶粉事件发生后，全国大小超市立刻将所有不合格奶粉撤下货架。这样做既是对消费者负责，也是对企业负责。这种态度值得所有的企业和个人学习。

有不虞之誉，有求全之毁。

【释义】

有出乎意料般的赞誉，也有求全责备般的诋毁。

【出处】

孟子曰：“有不虞之誉，有求全之毁。”

——卷七·离娄上

【解译】

孟子说：“有出乎意料般的赞誉，也有求全责备般的诋毁。”

【寻智】

范中淹云：“不以物喜，不以己悲”，取得点滴进步的时候不沾沾自喜，在遭遇暂时挫折的时候不悲观失望。面对荣辱，“不惊”是智者之举。

有一个人特别喜欢下棋，平日里喜欢用瓦盆作赌注来和周围的乡亲们比赛下棋，并赢得了不少瓦盆。有一位财主高价聘请他用黄金作赌注，去和达官贵人下棋。可没想到的是，这个平日里百战百胜的高手竟然输得一塌糊涂。导致胜负易主的关键因素是下棋者的心态。当筹码是瓦盆的时候，输赢对他来说并不重要，可以随心所欲地发挥；但当筹码变成黄金时，想赢怕输的心态开始起作用，于是心态乱了，结果可想而知。

对企业管理者来讲，成功应该始终作为激励企业不断向前的动力，而不应该成为捆绑在企业身上的沙袋。不管在任何时候，都需要把心态放得恬淡、平和，如果把成败看得太过重要，就容易失去判断的果敢性和继续前进的勇气。

富贵不能淫，贫贱不能移，

威武不能屈，此之谓大丈夫。

【释义】

富贵不能扰乱他的心智，贫贱不能改变他的意志，威武不能压服他的气节，这样的人才能被称为真正的大丈夫。

【出处】

景春曰："公孙衍、张仪岂不诚大丈夫哉？一怒而诸侯惧，安居而天下熄。"

孟子曰："是焉得为大丈夫乎？子未学礼乎？丈夫之冠也，父命之；女子之嫁也，母命之，往送之门，戒之曰：'往之女家，必敬必戒，无违夫子！'以顺为正者，妾妇之道也。居天下之广居，立天下之正位，行天下之大道；得志，与民由之；不得志，独行其道。富贵不能淫，贫贱不能移，威武不能屈，此之谓大丈夫。”

——卷六·滕文公下

【解译】

景春说：“公孙衍和张仪难道不算是大丈夫吗？他们发怒的时候，所有的诸侯都害怕万分；他们安静下来的时候，整个天下都会平静下来。”

孟子说：“难道这样的人就可以算是大丈夫吗？难道你没有学过礼吗？男子行加冠之礼的时候，父亲会训诫他；女子要出嫁的时候，母亲会劝导她，并且亲自把她送出门，劝诫她：‘到了你婆婆家里，一定要恭敬，而且要警惕，一定不能背叛你的丈夫！’把顺从作为自己最主要的原则，这是妇女需要遵循的道义。而男子应当生活在‘仁’这一最广阔的房子里，站立在‘礼’这一最正确的位置上，行走在‘义’这样最光明的大路上；得志的时候，可以跟百姓一起遵循道义行事；不得志的时候，也可以坚持自己的原则。富贵不能扰乱我的心智，贫贱不能改变我的意志，威武不能屈从我的气节，这样的人才能被称为真正的大丈夫。”

【寻智】

真正的大丈夫并不是那些表面看来让人敬畏的人，而

是那些德行端正、意志坚定的人。支撑一个人的，不是肉体，而是精神。

无论富贵、贫贱或武力威逼，意志不变，初衷不改，这一传统价值观念即使是在今天，依然闪烁着光辉。在人的精神和肉体之间，在精神追求和物质追求之间，前者高于、重于后者。在二者不能两全的情况下，宁可舍弃后者、牺牲后者。人不是动物，人之所以为人，正是因为人是有思想的、有意识的。

文天祥可谓是“富贵不能淫，贫贱不能移，威武不能屈”的典型代表了。兵败被俘后，文天祥服毒自杀未遂，被软禁。于是他写下“人生自古谁无死，留取丹心照汗青。”的名句，以示其志。无论是谁来劝降，都不改自己的气节。他虽在监牢里，但面对元军的高官厚禄没有丝毫动心，面对敌人的酷刑没有半点奴颜，面对自己的身世处境没有丝毫的哀怜。文天祥最终被杀，却名垂千古。

对于真正希望有所作为的企业领导来说，人格魅力和内在品行的培养是不可或缺的重要一课。不因为贪图蝇头小利而放弃自己做人的品行；不因为创业初始的窘况而放弃前进的脚步；不因为对手的强大而束缚拼搏的手脚，特别是在事业成功以后能居安思然、言行缜密，这样的企业领导，才是真正的“大丈夫”。

祸福无不自己求之者。

【释义】

灾祸和幸福都是自己寻找来的。

【出处】

孟子曰："仁则荣，不仁则辱；今恶辱而居不仁，是犹恶湿而居下也。如恶之，莫如贵德而尊士，贤者在位，能者在职；国家闲暇，及是时，明其政刑。虽大国，必畏之矣。《诗》云：'迨天之未阴雨，彻彼桑土，绸缪牖户。今此下民，或敢侮予？'孔子曰：'为此诗者，其知道乎！能治其国家，谁敢侮之？'今国家闲暇，及是时，般乐怠敖，是自求祸也。祸福无不自己求之者。《诗》云：'永言配命，自求多福。'《太甲》曰：'天作孽，犹可违；自作孽，不可活。'此之谓也。"

——卷三·公孙丑上

卷九・萬章上

何謂親愛之乎？」「敢問或曰放者，何謂也？」
哉？」雖然，欲常常而見之，故源源而來，「
也，父不得而子。」舜南面而立，堯帥諸侯北面
岌岌乎！」不識此語誠然乎哉？」孟子曰：「
載，放勳乃徂落，百姓如喪考妣。三年，四海遏
年喪，是二天子矣。」咸丘蒙曰：「舜之不

【解译】

孟子说："实行仁政就可以荣耀加身，不能实行仁政只能遭受屈辱；然而今天那些厌恶屈辱的人却习惯居于不仁的位置，就如同那些厌恶潮湿的人反而愿意居住在低洼的地方一样。如果厌恶屈辱，那么不如敬重贤德，尊重士人，让贤德之人处在较高的官位上，让有才能的人都担任一定的职务；当国家没有战乱、空闲的时候，应该及时修订政治条例和法律条款。如果这样的话，即使是强大的邻国也会感觉到畏惧的。《诗经》中说：'在大雨还没有来临之前，在桑树的树根上刨下些皮，把门窗都提前加固修缮好。外面的人们，谁又能欺负我们的国家呢？'孔子说：'能作出这首诗的人，真是懂得治国的道理啊！能这样治理他的国家，那么谁还敢来欺负这个国家？'可是现今的国家在闲暇的时候不懂得居安思危，只知道追求享乐和游玩，这等于是自己给自己寻找灾祸。灾祸和幸福没有不是自己寻找而来的。《诗经》中说：'我们要在相信命运的同时，自己主动去寻找更多的幸福。'《太甲》中说：'老天作孽的话，还可以逃避；但是如果是自己作孽的话，想逃避都逃避不了。'说的就是这个意思。"

【寻智】

企业的福与祸并不是从天而降，而是掌握在企业自己手中。在机遇来临之时，抓住机遇，就能为企业谋得利益。同时，要时时刻刻、谨小慎微地对待工作中出现的或可能出现的问题，将祸患消灭在萌芽状态，防患于未然，没有危机意识是企业最大的危机。

山西长治的澳瑞特健康产业集团创始人郭瑞平，利用当时国家竞技体育与群众体育两手抓、两手都要硬的政策大势，将创业目标定位于“群众喜欢用的健身器材”。一套套的“群众性体育健身器材”安装在中国的各个城市的街头和小区，成功地打响了澳瑞特的品牌，使企业走上了发展之路。

微软总裁比尔·盖茨认为：微软距离破产只有18个月。而奇瑞公司的总裁尹同耀也曾经说过：“比尔·盖茨说微软离破产只有18个月，我说奇瑞离破产只有18天。”微软的强大与奇瑞的成功离不开其领导者的危机意识。

美国康乃尔大学的研究人员做过这样一个实验：在锅里加满冷水后，把一只青蛙放进去，然后慢慢加热。水开始是凉的，水升温的速度很慢，青蛙觉得比较适应和舒服，并不想跳。随着水温逐渐升高，感受到危险的青蛙决心努力跳出热锅，但为时已晚。最后，活蹦乱跳的青蛙被烫死了。与此相对照，把青蛙扔进一口沸水锅里，受到强烈刺激的青蛙却奋力一跃，成功地保住了性命。

各位 CEO 们，千万要小心，时刻谨防变成“温水里的青蛙”。

夫人必自侮，然后人侮之；
家必自毁，而后人毁之；国必自伐，而后人伐之。

【释义】

人肯定是自取其辱，别人才会侮辱他；家肯定是自己内部出现了分裂的因素，别人才会摧毁它；国家肯定是内部出现了令别人讨伐的因素，才导致有别的国家来讨伐它。

【出处】

孟子曰：不仁者可与言哉？安其危而利其灾，乐其所以亡者。不仁而可与言，则何亡国败家之有？有孺子歌曰：沧浪之水清兮，可以濯我缨；沧浪之水浊兮，可以濯我足。孔子曰：小子听之！清斯濯缨，浊斯濯足矣。自取之也。夫人必自侮，然后人侮之；家必自毁，而后人毁之；国必自伐，而后人伐之。

——卷七·离娄上

【解译】

孟子说：难道可以与不仁德的人商议事情吗？他们眼见别人处于危险之中却无动于衷，喜欢从别人的灾难中获取利益，那些能够导致亡国的因素在他们看来都是可乐的事情。如果可以和不够仁德的人商议事情，那么怎么还会有亡国败家的事情出现呢？有小孩子在歌曲中唱道：沧浪的水好清啊，可以用来清洗我的帽缨；沧浪的水浑浊啊，还可以用来帮我洗脚。孔子回答道：小孩子你听着！清水用来清洗帽缨，浊水用来洗脚。这些都是水自身的本质所决定的。人肯定是自取其辱，别人才会侮辱他；家肯定是自己内部出现了分裂的因素，别人才会摧毁它；国家肯定是内部出现了令别人讨伐的因素，才导致之后有别的国家来讨伐它。《太甲》中曾说：上天作孽的话，还有逃避的可能；如果是自己作孽，那么想逃避都逃避不了。说的就是这个意思。

【寻智】

马克思主义哲学认为：内因是事物发展变化的根据，是第一位的，外因是事物存在和发展的必要条件，是事

物变化发展所不可缺少的因素。外因是通过内因起作用的。

举一个非常简单的例子。鸡蛋变成小鸡主要有两个原因，第一必须是种蛋，第二必须有适宜的温度，二者缺一不可。种蛋决定了鸡蛋能够变成小鸡，而且只能变成小鸡，这就是内因。尽管种蛋是孵化出小鸡的根本原因，但适宜的温度也是不可缺少的，得不到适宜的温度，种蛋同样孵化不出小鸡。种蛋与温度之间的矛盾是鸡蛋变成小鸡的必备条件，也就是外因。如果我们把种蛋换成未受精的鸡蛋或石头，在温度适宜的条件下也孵化不出小鸡，可见外因是通过内因起作用的。

而对于企业来说，企业遇到困难，不要着急地从外部寻找原因，而是要静下心来看看问题是不是出在企业内部。生活在同样的市场环境中，面临着同样激烈的市场竞争，有的企业能做大做强，却因为经营不善而草草收场，这就不是制度和机遇的原因，而肯定是企业内部在管理制度、运作机制等方面出现了问题，企业领导不应该怨天尤人，为自己开脱责任，而应当从主观上积极地寻求解决问题的办法。

阿里巴巴集团董事局主席马云认为：“企业家在现在的环境，就要改善这个环境，光投诉、抱怨有什么用呢？

现在有人成功了，而你失败了，就只能怪自己。就是一句话，哪怕你运气不好，也是你不对。”

今之欲王者，犹七年之病求三年之艾也，

苟为不畜，终身不得。

【释义】

现在这些想称王的人，好比患了7年病的人需要寻找生长3年的艾草来治疗一样。假如不进行长期的积累和栽培，那么是一辈子也找不到的。

【出处】

孟子曰：“桀纣之失天下也，失其民也；失其民者，失其心也。得天下有道：得其民，斯得天下矣；得其民有道：得其心，斯得民矣；得其心有道：所欲与之聚之，所恶勿施，尔也。民之归仁也，犹水之就下、兽之走圹也。故为渊驱鱼者，獭也；为丛驱爵者，鹯也；为汤武驱民者，桀与纣也。今天下之君有好仁者，则诸侯皆为之驱矣。虽欲无王，不可得已。今之欲王者，犹七年之病求三年之艾也。苟为不畜，终身不得。苟不志于仁，终身忧辱，以陷于死亡。”

——卷七·离娄上

【解译】

孟子说：“夏桀和殷纣之所以丢失了天下，是由于他们失去了民众；之所以失去了民众，是因为失去了民众的心。获得天下是有途径的：能够得到民众就可以获得天下；得到民众是有途径的：获得他们的心就得到了民众；获得民众的心是有途径的，帮助民众把他们想要的东西积蓄起来，而不把他们憎恶的东西强加给他们，这样做就可以了。民众对于仁政的归附，就如同水习惯往低处流、野兽喜欢向旷野跑一样正常。所以，把鱼儿驱赶到池塘的是水獭；把鸟雀驱赶到丛林的是鹞鹰；把民众驱赶到成汤、武王周围的是夏桀和殷纣。现今这个时代，如果有喜好仁政的国君出现，诸侯们自然会帮助他把民众聚拢过来，这样的话，即使不想称王，也是做不到的。而现在这些想称王的人，好比患了7年病的人需要寻找生长3年的艾草来治疗一样。假如不进行长期的积累和栽培，那么是一辈子也找不到的。如果君主的志向不在于仁政，那么就会一辈子处在忧患和屈辱当中，直至陷入死亡。”

【寻智】

“不积跬步，无以致千里，不积小流，无以成江海”，做任何事情都不可能一蹴而就。

对企业来说，企业的发展需要正确的战略战术，但这只是成功的一个前提，除此之外仍需要执行者脚踏实地，一步一个脚印地慢慢积累，不可以操之过急。

10 多年前的盐电阀门公司还是一个名不见经传的镇办小厂，生产经营很不正常，改制时，连工人的工资都发不出。改制后，李昌跃白手起家，带领员工艰苦奋斗，一步一个脚印地向前迈进，艰苦打拼，不断地克服困难，硬是把一个小厂从濒临倒闭的边缘拉了回来 。每次出差，谈生意，验样送货，他都是亲自出马，睡地板，坐硬铺，吃方便面——他是什么苦都吃过，什么罪都受过，就这样一步一个脚印向前挪，一点一滴地慢慢积累。如今，公司发展壮大了，他仍然保持着过去的优良传统，从生产车间到产品检验出厂，从打磨刨光到喷漆包装，他都要亲自过问，严格把关。就这样，把企业承包一点一点地做大，一步步地走向成功。他时常告诫身边的人，不管企业发展到哪一步，都要时时不忘艰苦奋斗，点点滴滴当思来之不易，一分一厘仍需艰苦努力。

世界证券行业尽人皆知的最重要的“波浪理论”的创始人威廉·江恩在创业之初，躲在狭小的地下室里，研究数百万根的K线，后来他干脆把美国证券市场有史以来的记录全都搜集到一起，在那些杂乱无章的数据中寻找规律。由于没有客户，挣不到薪金，很多时候他不得不靠朋友的接济勉强度日。6年的时光里，他集中研究了美国证券市场的走势与古老数学、几何学和星象学的关系。然后成立了自己的经纪公司，并发现了最重要的有关证券市场发展趋势的预测方法——“控制时间因素。”他在金融投资生涯中赚取了5亿美元的财富，成为华尔街上靠理论研究而白手起家的神话人物。如果没有那6年的研究，他就不会成功，一点一滴的努力都在创造和积累着成功所需的条件。

成功
积累 积累 积累 积累
积累 积累 积累 积累 积累
积累 积累 积累 积累 积累 积累
积累 积累 积累 积累 积累 积累 积累
积累 积累 积累 积累 积累 积累 积累 积累
积累 积累 积累 积累 积累 积累 积累 积累 积累

企业文化

——精神文明的力量

位卑而言高，罪也；立乎人之本朝而道不行，耻也。

【释义】

不为官而去议论朝堂上的大事，那是罪过；为君之臣，而自己的主张得不到实现，那是耻辱。

【出处】

孟子曰："仕非为贫也，而有时乎为贫；娶妻非以为养也，而有时乎为养。为贫者，辞尊居卑，辞富居贫。辞尊居卑，辞富居贫，恶乎宜乎？抱关击柝。孔子尝为委吏矣，曰，'会计当而已矣。'尝为乘田矣，曰，'牛羊茁壮长而已矣。'位卑而言高，罪也；立乎人之本朝，而道不行，耻也。"

——卷十·万章下

【解译】

孟子说："做官并非是因为贫穷，但有时候也可能是因为贫穷；娶妻并非是因为要孝敬父母，但有时候也是为了孝敬父母。因为贫穷而做官的人，就应该拒绝那些尊贵的职位，选择那些卑微的职位，拒绝丰厚的俸禄，领取少量的俸禄。拒绝那些尊贵的职位，选择那些卑微的职位，拒绝丰厚的俸禄，领取少量的俸禄，那什么样的职位才算是合适呢？像那些守门打更的活都可以。孔子也曾经做过看管仓库的小官，他说：'所有账目上的数字都是对的。'他也曾经做过管理牲畜的小官，他说：'所有自己掌管的牛羊都长得很茁壮。'不为官而去议论朝堂上的大事，那是罪过；为君之臣，而自己的主张得不到实现，那是耻辱。"

【寻智】

现代企业管理要求，领导和员工都应当坚守自己的岗位，从老板到普通清洁工，每个人都应该各司其职，各负其责，既不能玩忽职守，也不可越俎代庖。

各司其责才能够保证整个企业健康、高效地运行。在其位谋其政，不论做什么工作，不做便罢，做就做好。反之，如果像某企业流传的那样："董事长干总经理的活，

总经理干部门经理的活，部门经理干员工的活，一般员工在考虑：公司该怎么发展呢？”那注定是做不好的。不论在企业中担当什么角色，做好自己的本职工作永远是第一位的。

海尔的企业文化被企业界公认为是优秀的。海尔集团总裁杨绵绵认为：海尔只是让每个人在自己位置上，把简单的事认真干了20年。什么叫不简单？能够把大家都公认的非常简单的事，千百遍地做对就是不简单；什么叫不容易？能够把容易的事情认真做好，就是不容易。海尔把“认真”坚持了20年，把简单的事认认真真干了20年，才有了今天的海尔。

虽有天下易生之物也，

一日暴之，十日寒之，未有能生者也。

【释义】

即使是天下最容易生长的植物，如果晒它 1 天，然后再冷冻它 10 天，也没有能够存活下来的。

【出处】

孟子曰："无或乎王之不智也。虽有天下易生之物也，一日暴之，十日寒之，未有能生者也。吾见亦罕矣，吾退而寒之者至矣，吾如有萌焉何哉？今夫弈之为数，小数也；不专心致志，则不得也。弈秋，通国之善弈者也。使弈秋诲二人弈，其一人专心致志，惟弈秋之为听。一人虽听之，一心以为有鸿鹄将至，思援弓缴而射之，虽与之俱学，弗若之矣。为是其智弗若与？曰非然也。”

——卷十一·告子上

【解译】

孟子说：“不能说是大王不够聪明。即使是天下最容易生长的植物，如果晒它1天，然后再冷冻它10天，也没有能够存活下来的。我跟大王相见的机会很少，等我不在的时候，那么反面影响大王的人就会凑上去，他即使有善良、行仁政的萌芽，我又能起到多大的作用呢？拿下棋来说吧，这本是一项很简单的运动，但是如果不能全身心投入的话，也是不能够学好的。弈秋是整个国家最善于下棋的人。如果让弈秋教两个人下棋，其中一个人专心致志，完全按照弈秋的要求学习。另外一个人虽然一边听着弈秋讲课，但是一边却想着将有一只天鹅要飞过来，考虑着拉弓来射它，那么虽然他与另外一个人一起学习，但学习的效果肯定比不上另外那个人。是因为他的智力比不上别人吗？当然不是这样。”

【寻智】

这就是成语“一曝十寒”的出处。孟子用这个比喻说明：做事没有专心致志，是不会成功的。

利群集团董事局主席兼总裁徐恭藻认为：“如果从企

业发展的轨迹来看，企业发展和‘马拉松’这个运动项目更接近。企业的发展不能太急功近利，跑得太快，人、财、物就会跟不上，马拉松这个项目需要毅力，还需要持之以恒的耐力，更需要不断地奋斗拼搏、勇往直前的精神。”

如果在企业的发展上盲目跟风上项目，四处撒网，而后遇到困难就退缩，是不会有成就的。最典型的例子就是曾经轰轰烈烈的巨人集团。巨人集团最初从事电脑业，集团在一年之内推出中文手写电脑、中文笔记本电脑等数十种产品。同年，巨人实现销售额 3 百亿元，利税 4600 万元，成为中国极具实力的计算机企业。1993、1994 年，全国兴起房地产和生物保健品热，为寻找新的盈利支柱，巨人集团开始迈向多元化经营之路——计算机、生物工程和房地产，计划盖一座 70 层的巨人科技大厦。对于当时仅有 1 亿资产规模的巨人集团来说，单凭自身的实力，根本无法承受这项浩大工程的费用。当 1996 年底大楼一期工程未能完成时，卖给国内的 4000 万楼花就成了导致巨人集团财务危机的导火索，巨人集团终因财务状况不良而陷入了破产的危机之中。

可见，急功近利，不持之以恒，是不会成功的。

我主人把我放在
太阳底下晒了1天，
又把我放在冰箱里
冻了10天。
老兄，你
怎么变成这
样了？

权然后知轻重，度然后知长短，物皆然，心为甚。

【释义】

称了才知道轻重，量了才知道长短，各种事物都是如此，而心思尤其是这样。

【出处】

曰："不为者与不能者之形何以异？"

曰："挟太山以超北海，语人曰'我不能'，是诚不能也；为长者折枝，语人曰'我不能'，是不为也，非不能也。故王之不王，非挟太山以超北海之类也；王之不王，是折枝之类也。老吾老以及人之老，幼吾幼以及人之幼，天下可运于掌。《诗》云'刑于寡妻，至于兄弟，以御于家邦'，言举斯心加诸彼而已。故推恩足以保四海，不推恩无以保妻子。古之人所以大过人者无他焉，善推其所为而已矣。今恩足以及禽兽，而功不至于百姓者，独何与？权然后知轻重，度然后知长短，物皆然，心为甚，王请度之！”

——卷一·梁惠王下

【解译】

齐宣王说：“不愿意去做和没有能力去做之间有什么区别呢？”

孟子回答说：“要挟持着泰山跨越北海，对别人说‘我没有这样的能力’，这确实是没有能力；要为年长的人折一根树枝，对别人说‘我没有这个能力’，那么这就是不愿意去做，不是没有能力去做。所以说，大王不能称王，不是挟持着泰山跨越北海这样没有能力去做；大王没能称王，是因为不愿意去做折枝这样的小事情。敬重自己的长辈进而到敬重他人的长辈，爱护自己的晚辈进而到爱护他人的晚辈，按照这样的原则来处理事情，那么统治天下就像是在手掌里转动东西一样容易了。《诗经》中说：‘先给自己的妻子做榜样，然后推及自己的兄弟，进而延伸到全国。’意思说的就是要把自己的善心逐渐推广开去。因此，由近及远地推广恩惠就足以保有天下，反之连自己的妻儿都无法保护。古时候的圣贤之所以胜过普通人，并没有什么诀窍，只不过是他们善于把自己的作为施及于他人的原因而已。如今大王您的恩惠足以施及动物，可是百姓却丝毫也感受不到，这是为什么呢？称了才知道轻重，量了才知道长短，各种事物都是如此，而心思尤其是这样，请大王考量一下！”

【寻智】

世上最难揣摩的便是人心。在企业中，领导者与员工之间有了真诚的心与心的交流，才能齐心合力，将企业做大做强。作为领导者，要让员工感受到自己对他们的关心和爱护，要放下架子主动接近下属，常交流、多谈心，了解他们的近忧远虑，诚心诚意、力所能及地帮助他们解决工作和生活中的难题，切忌以领导自居，高高在上，拒人千里。只有如此，才能增强企业的凝聚力。凝聚力越强，企业成员之间的关系越融洽，企业的整体目标和成员的个体目标才越容易实现。

日本的许多公司除了对员工们的衣食住行给予全面、周到的照顾之外，还负责他们的婚姻大事。这些公司的领导都认为帮助公司员工缔结良缘是自己责无旁贷的事情。不少规模不大的公司领导自己就常常充当媒人的角色，他们十分了解自己下属各方面的条件，通过各种关系为下属安排约会。有些公司的领导还不惜花费大量的时间“面试”一些本公司员工的约会对象，看看对方是否适合自己的下属，其高度负责的态度令下属颇为感动。

加拿大 BCT 电讯公司在公司大楼内设立了健身中心，鼓励雇员健身，改良雇员的精神状态，从而提高了劳动效率，公司也获益匪浅。

上述公司的这些措施虽然在一定程度上增加了支出，但相对于在这种关爱下员工积极地投入工作所创造的效益，它只是微不足道的一部分。况且从长远的利益来看，关爱员工使员工更加信赖公司，更激发了员工对公司的深厚感情，员工也更愿意为公司服务。因此，企业领导与职工之间心与心的交流和融合，是构建优秀企业文化的基础。

苟为后义而先利，不夺不餍。

【释义】

如果重利轻义，那么大夫不把国君的产业夺过去，肯定是不会罢休的。

【出处】

孟子见梁惠王。王曰："叟不远千里而来，亦将有以利吾国乎？"

孟子对曰："王！何必曰利？亦有仁义而已矣。王曰，'何以利吾国？'大夫曰，'何以利吾家？'士庶人曰，'何以利吾身？'上下交征利而国危矣。万乘之国，弑其君者，必千乘之家；千乘之国，弑其君者，必百乘之家。万取千焉，千取百焉，不为不多矣。苟为后义而先利，不夺不餍。未有仁而遗其亲者也，未有义而后其君者也。王亦日仁义而已矣，何必曰利？”

——卷一·梁惠王上

【解译】

孟子拜见梁惠王。梁惠王说：“您不远千里赶到这里，肯定是能给我国带来利益吧？”

孟子回答说：“大王！你何必一定要说利呢？只要讲仁义就可以了。大王您说，‘将会给我国带来什么利益？’大夫们会说，‘将会给自己的家带来什么利益？’士人和庶人会说，‘将会给我自己带来什么利益？’上下各阶层的人都追求自己的利益就会导致国家的灭亡。万乘之国里，杀掉其君主的人一定是拥有千乘的大夫；千乘之国，杀掉其君主的人一定是拥有百乘的大夫。在万乘之国里，拥有千乘，在千乘之国里，拥有百乘，那么这些大夫的财产不能说不多了。但是，如果这些大夫重利轻义，那么他们不把国君的产业夺过去，肯定是不会罢休的。从来没有讲仁的人会把自己的亲属遗弃的，也从来没有重义的人会对自己的君主怠慢的。大王您只要讲求仁义就可以了，为什么非要说利呢？”

【寻智】

孟子在这里再一次阐述自己“仁政”的观点，要重义轻利，先义后利。

现代商活动中的义，可以理解为诚信、社会责任等等。企业家如果只顾眼前的利益，而将企业诚信、社会责任抛到一边，那么他的生活注定是没有乐趣的。尤其是在现实生活中，人脉的占有和社会资源的争夺被提升到了无以复加的高度，假如只顾眼前一些琐碎的物质利益，抛弃了做人的基本准则，失去了整个社会对自己的认可，那么这个人只能是一个投机者，永远成不了一个合格的企业家。

“君子爱财，取之有道”，这个道理不用多说。而且，在生意场上顺风顺水的企业家们，千万别忘记了应该承担的那份沉甸甸的社会责任，正如玖龙纸业董事长张茵所言：“不要把承担社会责任当成是一种负担，企业家一定要平衡好企业发展与社会责任的关系，我主张左手发展企业，右手要敢于承担社会责任，两者不可偏废。”

年度慈善企业家

徒善不足以为政，徒法不能以自行。

【释义】

只有善心不足以治理朝政，好的办法也不会自动实施。

【出处】

孟子曰："离娄之明、公输子之巧，不以规矩，不能成方圆；师旷之聪，不以六律，不能正五音；尧舜之道，不以仁政，不能平治天下。今有仁心仁闻而民不被其泽、不可法于后世者，不行先王之道也。故曰，徒善不足以为政，徒法不能以自行。"

——卷七·离娄上

【解译】

孟子说："即便是有了离娄般出色的视力、公输般高超的建筑技巧，如果不借助尺子和圆规，无法画出方形和圆形；即便是有了师旷般的聪明，不遵循六律的话，也不能够调正五音；即便是有了尧舜的治国之道，如果不能实施仁政的话，也不能够治理好天下。现在有些诸侯，虽然具有仁爱之心，但是百姓们却无法感受到他们的恩泽，他们的治国也无法成为后世的借鉴，就是因为不能够实行先贤的治国之道。所以说，只有善心不足以治理朝政，好的办法也不会自动实施。”

【寻智】

“不以规矩，不能成方圆”，这句话我们都明白。企业依法制定规章制度是企业内部“立法”，是企业规范运作的重要方式。成功的企业制度，其效果是使企业运作平稳、流畅、高效。不用再赘言制度对于企业发展的重要性了，否则每年不会有那么多的企业将那么多的精力放在各项规章制度的制定上。企业制定规章制度，无疑是为了约束全体职工的行为，然而企业完全可以在更广阔的层面上寻找突破，而不是仅仅局限于规章制度的打造。

全球著名的快餐品牌肯德基，子公司遍及世界各地，要想考察每个子公司人员的工作积极性似乎是不可能的事情。但是事实上，每年肯德基总公司总会出具每个子公司

的打分表，而且打的分数往往和实际情况极为相似。原来，总公司经常会指派一些员工打扮成顾客的样子到子公司检查，这样可以极为清楚地考察他们最真实的工作状态。正是因为有了这样无形的压力，所有子公司的员工都一如既往地积极工作。

但正如孟子所说：只有善心不足以治理朝政，好办法也不会自动实施。现代企业的管理越来越要求“人性化管理”，将“法”与“善”相结合，在建立成功企业制度的同时，更要重视在共同价值观基础之上，建立优秀的、人性化的企业文化，营造企业良好的人际关系。

海尔便是一个“人性化管理”成功的范例：张瑞敏力主人本管理，他为海尔设计、缔造了以人为本的企业文化，一切以人为中心，把人当做主体，在企业内部营造一种尊重人、信任人、关心人、理解人的文化氛围，让每个员工都成为创新主体，让每个人都以百倍的热情投入海尔事业的发展，使管理的艺术和心灵的需求更加和谐、完美地统一起来。这样的管理，才成就了今天的海尔。

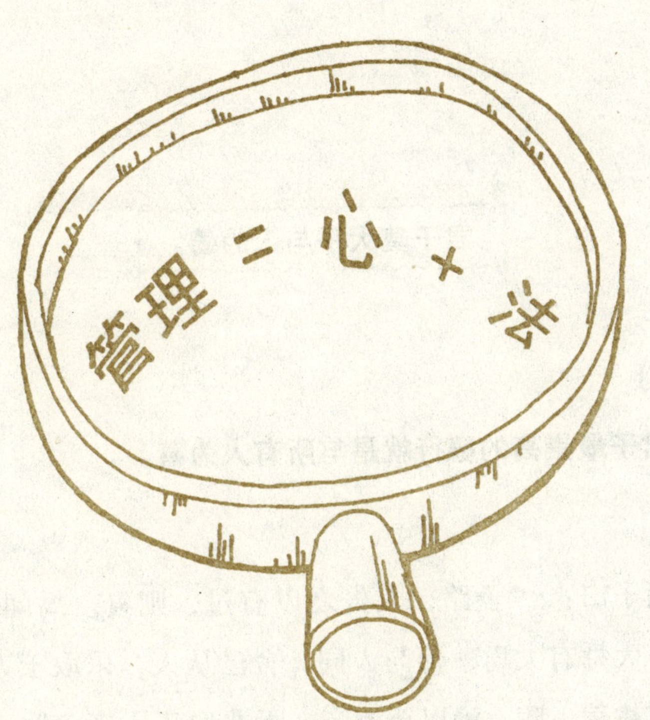
管理＝心＋法

君子莫大乎与人为善。

【释义】

君子最崇高的德行就是与所有人为善。

【出处】

孟子曰："子路，人告之以有过，则喜。禹闻善言，则拜。大舜有大焉，善与人同，舍己从人，乐取于人以为善。自耕稼、陶、渔以至为帝，无非取于人者。取诸人以为善，是与人为善者也。故君子莫大乎与人为善。"

——卷三·公孙丑上

【解译】

孟子说："子路这个人，当别人把他的错误指点给他时，他便会很高兴。禹听到了别人的善言之后，就会主动给别人敬礼表示感谢。与他们相比，舜更加有过之，他甚至可以丝毫不顾自己的想法，全面接受别人的善言，非常快乐地吸取别人的优点来完善自己。从他开始时种庄稼、做陶瓷和瓦器、当渔夫一直到最后成为天子，他的所有优点，没有一处不是从别人那里吸取而来的。善于吸取别人的优点用来使自己更加完善，才是真正的智者。所以君子最崇高的德行就是与所有人为善。”

【寻智】

与人为善是中华民族的传统美德，是为人处世的重要准则，“与人为善”，包含着丰富的内涵。孟子的意思是：君子最崇高的德行就是协同别人一道行善。但后来，“与人为善”的含义有所拓展，多指以善意的态度对待别人，为人着想，乐于助人。

在市场竞争如此激烈的今天，与人为善对企业来说又有着别样的内涵。面对竞争，谁都想赢，我们可以注意一下，“赢”字的写法。“赢”——由“亡”、“口”、“月”、“贝”、“凡”组成，“亡”是说要有危机意识，要有紧迫感；“口”意指不断的沟通协调，就像今天我们所讲的与人为善；“月”是指时间和岁月的积累，即长期付出的努力；“贝”是宝贝，指必要的资源投入；“凡”是大家、大众的意思，即众人的参与和配合，也可理解为团队协作。

与人为善是“赢”的重要组成部分呀！

金钱和物质利益并非现代社会的全部意义，中国人传统的“温、良、恭、俭、让”在现实世界中同样存在着广阔的适用性。身为领导者，在不断为企业赢得物质利益的同时，也要将精神世界的丰富列为企业发展过程中的一项重要工作，要将宽以待人、广交朋友、与人为善的原则灌输到每一位员工的血液中，加强自己企业的团队精神建设。只有营造出团结协作的企业文化，才能无往不胜。

卷十·萬章下

不挾貴，不挾兄弟而友。友也者，友其德也，不
矣。獻子之與此五人者友也，無獻子之家者也
有之。費惠公曰：「吾於子思則師之矣，吾於
之。晉平公之於亥唐也，入云則入，坐云則坐，
位也，弗與治天職也，弗與食天祿也。士之尊賢
匹夫也。用下敬上，謂之貴貴；用上敬下，謂之
恭也。」曰：「卻之卻之為不恭」，何哉？」曰：
也。」曰：「請無以辭卻之，以心卻之，曰：其取